Y BEIBL CYMRAEG

CYFRES O ESBONIADAU

EFENGYL MARC

gan

DAVID PROTHEROE DAVIES

Y BEIBL CYMRAEG NEWYDD CYFRES O ESBONIADAU

Golygydd:
Yr Athro Gwilym H. Jones

Golygydd Cynorthwyol:
Yr Athro D.P. Davies

Y bwriad yn y gyfres hon yw cyhoeddi wyth o esboniadau ar rai o lyfrau'r Beibl, dau bob blwyddyn, un ar yr Hen Destament ac un ar y Testament Newydd. Byddant yn dilyn y cyfieithiad o'r Ysgrythur sydd yn *Y Beibl Cymraeg Newydd*. Amcan y gyfres yw esbonio mor syml ac uniongyrchol ag sydd bosibl gynnwys llyfrau'r Beibl. Y mae pob un o'r awduron yn arbenigwr yn ei faes, sef iaith y gwreiddiol, boed yn Hebraeg neu Roeg, y cefndir hanesyddol a diwinyddol a thueddiadau esboniadaeth ysgolheigaidd yn y maes a drafodir. Ond fe benderfynwyd cadw'r drafodaeth ar y pynciau hyn yn y cefndir a chyflwyno'n unig yr hyn sy'n gwbl angenrheidiol i ddeall y testun. Ffrwyth ysgolheictod beiblaidd a welir yn y gyfres, ac nid manylion y trafod. Y nod yw cyflwyno'n glir ac yn ddealladwy yr hyn y mae'r geiriau a gofnodwyd yn y Beibl yn ei gyfleu.

Er cof annwyl

am

MAUREEN DAVIES

(1912 - 1997)

CYFLWYNIAD

Prif amcan yr esboniad hwn yw dehongli neges ddiwinyddol efengyl Marc yng ngoleuni ei chefndir hanesyddol, cymdeithasol a chrefyddol, yn y gred fod y neges honno yr un mor berthnasol i'r byd cyfoes ag yr oedd i gyfoeswyr Marc. Dylai hynny hefyd ganiatáu i ni gael cipolwg ar Iesu o Nasareth a gyflwynir gan Farc yn Fab Duw ac yn Iachawdwr.

Y mae efengyl Marc, fel yr efengylau eraill, yn bont megis, a ninnau'n sefyll y naill ochr iddi. Ar yr ochr draw y mae byd dieithr. Yr unig wir gyfarwyddyd sydd gennym i groesi'r bont i'r byd hwnnw yw gwaith Marc a'i gyd-efengylwyr. Eu harweiniad hwy sy'n ein galluogi i gyfarfod â Iesu. Yn yr esboniad hwn, felly, rwy'n ceisio dehongli pa gyfarwyddyd y mae Marc am ei roi i ni. Dyma'r unig ffordd i ni ddod o hyd i Iesu o Nasareth am fod yr Iesu hwnnw ynghudd yn nhraddodiadau ei ddilynwyr cyntaf amdano. Dyna'r traddodiadau y bu Marc yn etifedd iddynt ac yn ddehonglwr ohonynt.

Ni welais yn dda, a gofod mor brin, gyfeirio at waith ysgolheigion cyfoes fel y cyfryw, er y bydd maint fy nyled iddynt yn amlwg i'r cyfarwydd. Anogir y sawl sydd am ddarllen ymhellach ymgynghori â'r llyfrau a restrir ar ddiwedd y gyfrol yn ogystal â'r llu o lyfrau eraill a restrir ynddynt hwy.

Yn olaf, braint wirioneddol yw cyflwyno'r gyfrol hon er cof am fy mam a ddysgodd fwy i mi am yr hunanaberth sy'n sylfaen i genadwri efengyl Marc na llond llyfrgell o esboniadau ysgolheigaidd.

DAVID PROTHEROE DAVIES

RHAGYMADRODD

Y Traddodiad Llafar a'i Berthynas â'r Efengyl

Byddai pobl yr hen fyd yn dysgu am hanes y gorffennol neu am faterion cyfoes trwy glywed amdanynt yn hytrach na darllen amdanynt mewn llyfrau. Mewn byd o'r fath roedd yn naturiol mai ar lafar y trosglwyddwyd hanes Iesu o Nasareth - y newyddion da, efengyl, yn ôl ei ddilynwyr - am rai blynyddoedd. At hynny, gan y magwyd Iesu mewn cymdeithas Iddewig lle'r oedd ysgolheigion a hyd yn oed nifer o'r werin bobl yn gwybod traddodiadau sanctaidd y genedl a'i chrefydd ar eu cof, nid yw'n syndod bod dilynwyr cyntaf Iesu, a hwythau hefyd yn Iddewon, wedi dilyn arfer y gymdeithas honno a thraddodi hanes eu hiachawdwriaeth ar lafar.

Trosglwyddwyd y traddodiad(au) am Iesu o Nasareth - hanesion amdano a dywediadau o'i eiddo - am amryw resymau ac o dan amrywiol amgylchiadau. Bwriad rhai o'r unedau hyn o draddodiad llafar oedd torri dadl neu greu argraff ar eu gwrandawyr; roedd eraill yn rhan o'r pregethu cenhadol. At hynny, mae'n ymddangos fod yr eglwys fore wedi diogelu calon y newyddion da, sef hanes dioddefaint Iesu, ei farwolaeth a'i atgyfodiad, fel rhan ganolog o'i haddoliad. Roedd hynny hefyd yn adlewyrchu ei chefndir Iddewig, gan fod yr Iddewon yn ailadrodd hanes prif ddigwyddiadau eu hiachawdwriaeth, digwyddiadau fel y Pasg, yn rhan o litwrgi eu gwyliau cenedlaethol.

Dyma'r gymysgedd o draddodiadau y bu awdur yr ail efengyl yn etifedd iddi; yn wir, mae'n bur debyg fod gan yr awdur ei hun ran yn y gwaith o drosglwyddo'r traddodiad ar

9

lafar, hyd yn oed cyn iddo benderfynu corffori'r traddodiad hwnnw mewn un casgliad cynhwysfawr a threfnus. Yn ôl rhai ysgolheigion, y mae'n bosibl adnabod unedau'r traddodiad llafar o fewn yr efengyl derfynol, unedau megis hanesion gwyrth, storïau datgan a damhegion. At hynny, mae'n farn gyffredinol ymhlith ysgolheigion y TN fod y fersiwn o hanes y dioddefaint a geir yn yr efengyl hon yn seiliedig ar draddodiad a ddiogelwyd fel rhan o addoliad y gymuned y bu'r awdur yn aelod ohoni, ac yr ysgrifennai ar ei chyfer. Swyddogaeth yr awdur, felly, oedd rhoi fframwaith i'r traddodiadau llafar hyn - fframwaith hanesyddol, efallai, ond yn sicr fframwaith diwinyddol. Er hynny, ni ddylid barnu ar sail felly nad oedd gan yr awdur ei hun unrhyw ran greadigol yn y gwaith. Fel y tri efengylydd arall, y mae wedi dehongli'r traddodiad a'i drefnu ar batrwm arbennig er mwyn hybu pwyslais diwinyddol arbennig ac i ledaenu ei ddealltwriaeth arbennig ef o'r neges Gristnogol.

Yr Awdur, Dyddiad a Man Ysgrifennu

Pwy, felly, oedd yr awdur? Pa bryd ac ym mhle yr aeth ati i gyfansoddi ei fersiwn o'r efengyl? Mae'n debyg mai hwn yw'r fersiwn cynharaf o'r pedwar sydd gennym yn ein TN ni. Byddai rhai ysgolheigion yn dadlau o blaid blaenoriaeth fersiwn Mathew; yn wir, dyna oedd cred gyffredinol yr eglwys am ganrifoedd lawer. Er hynny, mae'r mwyafrif o ysgolheigion cyfoes yn derbyn blaenoriaeth yr efengyl a briodolir gan y traddodiad i Farc.

Roedd 'Marc' yn enw poblogaidd iawn yng nghyfnod cynnar Ymerodraeth Rhufain. Mae'n debyg, felly, fod nifer da o bobl o'r enw hwn yn rhengoedd yr eglwys fore. Fodd bynnag, yn ôl hen draddodiad sy'n tarddu o hanner cyntaf yr ail ganrif o oed Crist, roedd y Marc hwn yn 'ddehonglwr' i'r apostol Pedr. Honnir mewn ffynonellau eraill o'r un ganrif fod Marc wedi cyfansoddi'r efengyl yn Rhufain yn sgîl marwolaeth Pedr, a'i fod yn ddyledus i Pedr am lawer o'i ddeunydd. Byddai rhai ysgolheigion cyfoes yn amau'r cysylltiad â Phedr, gan fod y traddodiad, yn eu barn hwy, yn ymgais i roi awdurdod apostolaidd ar waith person cymharol ddinod. Ar y llaw arall, mae'r ffaith fod 'Marc' yn gymharol ddibwys yn ddadl gref o blaid derbyn mai Marc yn wir oedd enw'r awdur.

Os felly, mae'n debyg mai'r Marc hwn yw'r cymeriad a elwir yn Ioan yn Act. 12:12, 25; 13:5, 13; 15:36-39, ac y cyfeirir ato fel Marc yn Col. 4:10, Philem. 24, 2 Tim. 4:11 a 1 Pedr 5:13. Roedd yn arfer cyffredin i Iddewon fabwysiadu enwau estron wrth iddynt ymadael ag amgylchfyd cyfan gwbl Iddewig. Magwyd Ioan Marc yn Jerwsalem (Act. 12:12); roedd yn gefnder i Barnabas (Col. 4:10) ac ar un adeg yn gynorthwywr i Paul a Barnabas. Mae'n ymddangos fod diffyg amynedd Paul ag ef yn gynnar yn ei yrfa wedi lleddfu gyda'r blynyddoedd, os yw'r cyfeiriadau at Farc mewn rhai o lythyrau diweddaraf Paul yn dweud y gwir. Hwyrach fod y cyfeiriad at 'Farc, fy mab' yn 1 Pedr 5:13 yn cadarnhau'r traddodiad am y berthynas glos rhwng Pedr a Marc, hyd yn oed os nad yw'r llythyr hwnnw'n waith Pedr yr apostol ei hun.

Yr argraff gref a geir o ddarllen y gwaith ei hun yw fod yr awdur yn dod o gefndir Iddewig. Fel Iesu a'i ddilynwyr cyntaf, Aramaeg yn ôl pob tebyg oedd ei famiaith, gan fod nodweddion amlwg o'r iaith honno yn ymddangos yn y gwaith (Groeg) terfynol. Ar y llaw arall, tystiolaeth y gwaith ei hun yw mai ar gyfer Cenedl-ddynion yr ysgrifennai'r awdur; mae'n cyfieithu ymadroddion Aramaeg bob amser (3:17; 5:41; 7:11, 34; 15:22, 34) ac yn esbonio arferion Iddewig (7:3-4; 15:42). At hynny, mae'n defnyddio geiriau ac ymadroddion Lladin o bryd i'w gilydd, sy'n awgrymu'n gryf iawn ei fod yn byw yn rhan orllewinol yr Ymerodraeth lle'r oedd Lladin yn brif gyfrwng cyfathrebu. Byddai hynny'n gyson â lleoliad yn Rhufain.

Ar ben hynny, mae'r diddordeb mawr mewn dioddefaint a geir yn y gwaith hefyd yn gyson â lleoliad yn Rhufain. Yn ôl traddodiad cynnar, cafodd y gwaith ei gyfansoddi yn fuan ar ôl

11

tân mawr Rhufain (O.C. 64) a'r erlid a fu ar Gristnogion yn sgîl hynny dan orchymyn yr Ymerawdwr Nero. Collodd Pedr a Paul, ill dau, eu bywydau yn y gyflafan honno. Dichon fod marwolaethau'r arweinwyr hyn, ac yn enwedig Pedr, wedi symbylu'r awdur i gofnodi'r traddodiadau am Iesu ar bapur. Ar bwys yr ystyriaethau hyn, y mae'r rhan fwyaf o ysgolheigion yn dyddio'r gwaith rhwng O.C. 65 a 70. Syrthiodd Jerwsalem i ddwylo'r fyddin Rufeinig yn y flwyddyn 70 ar ôl pedair blynedd o ryfel rhwng y Rhufeiniaid a'r Iddewon. Dinistriwyd y Deml a chwalwyd y genedl Iddewig. Er bod rhai ysgolheigion yn dadlau bod pen. 13 yr efengyl yn dangos gwybodaeth o'r digwyddiadau hyn, ac felly yn dyddio'r gwaith yn fuan ar ôl 70, nid yw'r fath ddadl wedi argyhoeddi'r mwyafrif o ysgolheigion, sy'n dal i gefnogi dyddiad ychydig cyn 70 - 68 neu 69 dyweder; nid ydynt yn derbyn bod y disgrifiad a geir ym mhen.13 yn cyfateb i realiti'r hyn a ddigwyddodd yn Jerwsalem yn 70.

Darllenwyr Gwreiddiol ac Amcan

Darllenwyr o Genedl-ddynion yn Rhufain, felly, sydd gan yr awdur mewn golwg yn bennaf, pobl sydd eisoes wedi troi at Grist, pobl sydd naill ai wedi dioddef eu hunain neu wedi gweld eu cyd-Gristnogion yn dioddef erledigaeth. Yn ôl pob tebyg, y mae'r awdur yn cymryd yn ganiataol fod ganddynt wybodaeth sylfaenol am hanes Iesu. Mae'n dewis, felly, pwysleisio'r ffaith fod Iesu, Mab y dyn, wedi dioddef o'i wirfodd mewn ufudd-dod i gynllun rhagordeiniedig Duw ar gyfer iachawdwriaeth y ddynolryw. Ar yr un pryd dengys fod yr un Iesu'n cael ei ddatguddio'n raddol fel yr hwn ydyw mewn gwirionedd, sef Mab Duw, er bod dynion at ei gilydd, gan gynnwys ei ddilyn-wyr agosaf, yn rhy ddall neu'n rhy styfnig i sylweddoli hynny. Adnabyddir gwir natur Iesu yn y diwedd, a'i gyhoeddi i'r byd yn sgîl ei farwolaeth, gan ganwriad o Genedl-ddyn, sy'n cynrychioli'r byd y mae'r awdur yn byw ynddo ac yn ysgrifennu ar ei gyfer. Y mae'r Iddewon wedi cael eu cyfle; rhaid i'r efengyl yn awr gael ei chyhoeddi hyd eithafoedd y ddaear. Mae'n galw am ymroddiad llwyr. Dyna gost dilyn Iesu, ac mae'r awdur yn esbonio hynny i gynulleidfa sydd eisoes yn gwybod ar sail profiad chwerw sut y gall ymrwymiad o'r fath fynnu'r aberth eithaf.

CYNNWYS

EFENGYL MARC

1:1-8 Pregethu Ioan Fedyddiwr

Nid oes amheuaeth nad oedd awdur y gwaith hwn yn Gristion o ran argyhoeddiad dwfn. Daw hynny'n amlwg yn yr adnodau agoriadol (adn. 1-13), gyda'r awdur yn gwahodd ei ddarllenwyr i rannu ei weledigaeth a'i gred fod hanes Iesu, o'i ddehongli'n gywir, yn profi fod Duw wedi ymyrryd ym myd gofod ac amser i achub y ddynolryw. O ganlyniad, er nad yw'r awdur yn cofnodi ond yr uchafbwyntiau, fel petai, rhaid ystyried hanes Iesu o safbwynt Duw. Yn wir, Duw ei hun sy'n tystio (adn. 11) mai 'Mab (= cynrychiolydd) Duw' yw gwir statws Iesu. Ac am yr unig dro yn yr efengyl gyfan y mae'r awdur yn apelio yma (adn. 2-3) at air Duw fel y cyfryw i brofi fod y newyddion da am Iesu sy'n cychwyn gyda Ioan Fedyddiwr yn unol ag ewyllys a bwriad Duw. At hynny, cynrychiolir lluoedd goruwchnaturiol drygioni, sy'n ceisio rhwystro ewyllys Duw, gan Satan ac fe welir fod Satan yn ymryson â Mab Duw. Y mae'r awdur, felly, yn gosod y llwyfan ar gyfer ei ddrama gyda gwahoddiad i ystyried y gyfres o olygfeydd sy'n dilyn trwy sbectol y goruwchnaturiol. Yna mae'r ddrama yn mynd yn ei blaen ar wastad naturiol, lle mae'r actorion yn ogystal â'r gwylwyr yn hynod o gyndyn i gydnabod gwir arwyddocâd Iesu.

Yr adnod gyntaf yw teitl y gwaith, fel petai. Y mae'r ddrama yn cychwyn gyda Ioan Fedyddiwr, yn union fel y neges Gristnogol (*kerygma*) a gofnodir ym mhregethau'r Actau. 'Newyddion da' yw'r neges hon, i gyfieithu'r gair *euangelion*, sy'n dynodi'n wreiddiol fuddugoliaeth ar faes y gad. Y mae

Iesu'n fuddugol, fel y gwelir, dros ddrygioni (drygioni gor-uwchnaturiol ar ffurf Satan ac ysbrydion drwg ynghyd â drygioni naturiol ar ffurf pechod), y drygioni sy'n rhwystro cymod rhwng Duw a'r ddynoliaeth. Wedi hynny, daeth yr un gair 'efengyl' i ddynodi llyfr oedd yn adrodd hanes Iesu, y newyddion da, fel y'u ceir ym mhedwar llyfr cyntaf y TN, ond nid dyna ystyr y gair cyn hynny.

Iesu Grist (y mae 'Crist' yn gyfenw yma, er mai 'eneiniog' = Meseia oedd yr ystyr gwreiddiol) yw testun y newyddion da; os amgen, y newyddion da a gyhoeddwyd gan Iesu a gofnodir yma. Honnir hefyd fod Iesu yn 'Fab Duw', er nad yw rhai llawysgrifau'n cynnwys yr ymadrodd hwn. Gwreiddiol ai peidio, mae'r disgrifiad yn adlewyrchiad teg o farn yr awdur am Iesu. Cymh. 1:11; 9:7; 15:39.

Anaml iawn y bydd yr awdur hwn yn apelio'n uniongyrchol at yr Ysgrythurau, yn wahanol i Fathew, er enghraifft. Y mae'n gwneud hynny yma, er mwyn dangos fod hanes Iesu yn cyflawni'r Ysgrythurau Hebraeg (= gair Duw). Cyflwynir y dyfyniad fel gwaith Eseia, ac yn wir dyma darddiad ail ran y dyfyniad, sy'n ymddangos hefyd ym Mth. 3:3 a Lc. 3:4ff, ond geiriau Mal. 3:1 a welir i ddechrau, gydag adlais o Ex. 23:20. Gall fod Marc yn dibynnu yma ar gasgliad o destunau ysgrythurol (*testimonia*). Gwelir ymgais mewn rhai llawysgrifau i gywiro 'Eseia' a rhoi 'yn y proffwydi' yn ei le. Y mae'r testun yn sôn am 'fy nghennad', sef Ioan Fedyddiwr yn y cyd-destun hwn. Yn wreiddiol, roedd y 'cennad' yn rhagflaenu Duw, yr Arglwydd, ond yma yr Arglwydd Iesu sydd mewn golwg. Rhagflaenydd Iesu, felly, yw Ioan. Mae'n amheus a oedd gan yr Iddewon gred mewn rhagflaenydd i'r Meseia; mae'r dehongliad, felly, yn adlewyrchu cred y Cristion am le Ioan yn hanes iachaw-dwriaeth. Tyst (= llais. Cymh. In. 1:23) yw Ioan, er hynny, llais sy'n llefain yn yr anialwch, cynefin arferol y proffwyd (Cymh. Mth. 11:7-9 = Lc. 7:24-26 a'r hanesion am Foses ac Elias), er y gall y cyfeiriad at yr anialwch adlewyrchu yn ogystal y disgwyliad y byddai'r ail Ecsodus yn cyflawni'r gobaith am iachawdwriaeth a seiliwyd ar brofiad yr Ecsodus cyntaf.

Cafodd Ioan Fedyddiwr ei enw am fod bedyddio yn nodweddiadol o'i waith proffwydol. Roedd bedyddio yn golygu golchi ac yn yr ystyr yna roedd yr arfer yn debyg i seremonïau puro yr Iddewon, fel yn Qumran. Er hynny, gweithred unwaith ac am byth oedd bedydd Ioan ac yn debycach, felly, i arfer yr Iddewon o fedyddio proselytiaid. Achubodd y blaen ar fedydd Cristnogol, a oedd hefyd yn arwydd o faddeuant pechodau. Roedd bedydd Ioan yn symboleiddio edifeirwch (= troi at Dduw); nid oedd yn sagrafen (yn yr ystyr Cristnogol) - hynny yw, nid oedd, ohono'i hun, yn sicrhau maddeuant. Paratoi pobl i ddod wyneb yn wyneb â Duw ar ddiwedd amser trwy ddileu rhwystr pechod oedd y nod.

Gorddweud yw honni fod pawb (yr holl wlad) yn dilyn Ioan; pwyslais y testun yw fod ganddo nifer mawr o ddilynwyr, fel y mae'r hanesydd Iddewig, Joseffus, yn cadarnhau (*Hynafiaethau* 18:5.2). Anaml iawn yn yr efengyl y ceir disgrifiad o olwg unrhyw un neu o hoff fwyd rhyw gymeriad neu'i gilydd. Cofnodir yma beth oedd Ioan yn ei wisgo ac yn ei fwyta er mwyn tanlinellu fod ganddo swyddogaeth Elias. Gwadu hynny y mae efengyl Ioan (Cymh. In. 1:21), ond y mae'r efengylau cyfolwg yn ei gadarnhau. Cennad y diwedd oedd Elias yn wreiddiol (Cymh. Mal. 4:5), ond rhagflaenydd cynrychiolydd Duw (Mab Duw, y Meseia) yw Ioan (= Elias) yma. At hynny, nid yw Ioan yn deilwng o gyflawni'r gwasanaeth isaf ei radd iddo, sef datod carrai ei esgidiau, gwaith caethwas (neu wraig!) yn y gymdeithas honno; yn y gymdeithas Iddewig roedd disgybl i wasanaethu ei athro (= rabbi) ym mhob ffordd ac eithrio'r weithred hon.

Bedydd dŵr oedd bedydd Ioan, gweithred o olchi neu buro dyn, ond byddai ei olynydd (un a gychwynnodd ei yrfa, yn eironig braidd, fel dilynwr i Ioan) yn dod â bedydd yr ysbryd. Cymh. Pentecost. Yn ôl dehongliad arall, roedd bedydd yr

ysbryd yn fedydd â 'gwynt a thân' (Cymh. Mth. 3:11 = Lc. 3:16)
- hynny yw, bedydd barn, ond fe'i cysylltir â diwedd amser, fel
bedydd Ioan.

1:9-11   Bedydd Iesu

Cred y Cristnogion cynnar oedd fod Iesu'n ddibechod. Credent
hefyd fod bedydd, yn rhannol, yn glanhau dyn o bechod. At
hynny, fe'u hargyhoeddwyd fod Iesu'n bwysicach o lawer na
Ioan; gwelwn, felly, na fyddai'r eglwys fore yn debyg o ddyfeisio
hanes am Iesu'n cael ei fedyddio gan Ioan 'er maddeuant
pechodau'. Byddai hanes o'r fath yn creu embaras iddynt, ac y
mae hynny'n cadarnhau fod yr hanes yn un y gellir dibynnu
arno. Adlewyrchir yr embaras hyd yn oed yn y TN, gan fod y
bedwaredd efengyl yn hepgor pob sôn am Ioan yn bedyddio
Iesu.

Wrth gwrs, y mae'r adroddiad sydd gennym yma yn drwm
dan ddylanwad cred arbennig am statws Iesu. Cadarnheir
statws Iesu yn Fab Duw gan Dduw ei hun yma mewn
datguddiad dwyfol, gyda'r nefoedd yn agor, er mwyn i Dduw
gyfathrebu'n uniongyrchol â'r byd o'i orsedd yn y nef, llawr
uchaf y bydysawd tri-llawr.

Cyflwynir Iesu fel gŵr o Nasareth, pentref dinod yng
Ngalilea. Fe'i cyflwynir, felly, fel bod dynol, ond mewn profiad
ysbrydol dwys mae'n clywed llais yn dweud wrtho ei fod yn fab
i Dduw. *Bath qol* oedd disgrifiad y rabiniaid o lais Duw, sef
merch llais, am y credent fod *bath qol* yn adleisio llais nefol. Yn
ôl dehongliad pellach, dyma'r adeg yr eneiniwyd Iesu gan yr
ysbryd am fod ehediad y golomen yn symboleiddio symudiad
yr Ysbryd Glân (Cymh. Gen. 1:2). Â rhai esbonwyr ymhellach a
dweud fod Duw wedi mabwysiadu Iesu yma ar batrwm
seremoni eneinio (= mabwysiadu) brenhinoedd Israel. Gall fod
hynny'n wir os yw'r geiriau o'r nef yn adleisio Salm 2:7 a dyna'r
dehongliad a geir yn nhestun eglwys y gorllewin yn Lc. 3:22,
ond nid yw'r adlais o Salm 2:7 yn sicr o bell ffordd ym Marc.

17

Clywir adlais testunau eraill hefyd, yn enwedig yn y cyfeiriad at yr 'anwylyd', sy'n ein hatgoffa o hanes Abraham ac Isaac. Cymh. Gen. 22:2. Y mae Duw'n barod i aberthu ei unig (= unigryw) fab yn ei gariad at y ddynolryw.

Yn wir, os yw Iesu'n gynrychiolydd yma mae'n cynrychioli Israel (mab Duw yn ôl Ex. 4:22) yn hytrach na'r brenin. Y mae geiriau olaf y testun 'ynot ti yr wyf yn ymhyfrydu' yn cyfeirio at Israel yn Eseia 62:4, er enghraifft. Os felly, daeth Iesu'n ymwybodol adeg ei fedydd o'i dynged i gynrychioli Israel, i fod yn weddill ffyddlon, fel petai, ac yn sgîl y ddealltwriaeth yna o'i swyddogaeth y cam nesaf wedi iddo ddod allan o'r dŵr (= y Môr Coch) oedd fod Iesu'n cael ei arwain i'r anialwch a'i brofi yno.

1:12-13 Temtiad Iesu

O'i chymharu â Mth. 4:1-11 a Lc. 4:1-13 nid oes gan efengyl Marc fawr o fanylion am demtiad Iesu. Gan mai'r Ysbryd sy'n gyrru Iesu i'r anialwch, mae'n ymddangos mai Duw sy'n ei orfodi i wynebu'r prawf, er mai 'Satan' yw enw'r temtiwr (= y gwrthwynebydd) fel y cyfryw. Ystyr gwreiddiol y term hwn oedd 'cyhuddwr' (Cymh. Job 1-2), y sawl sy'n herio, ond ymhen amser daeth yr enw i ddynodi grym drygioni ar ffurf person (y 'diafol' yn y Groeg). Nid oes amheuaeth nad oedd Marc yn credu mewn bodolaeth drygioni goruwchnaturiol, a dyna gred gyffredinol ei gyfoeswyr hefyd. O bryd i'w gilydd mae'n cyfeirio at y drygioni yma fel 'ysbrydion aflan', weithiau fel Beelsebwl, ond yma mae'n defnyddio'r enw 'Satan', sy'n tarddu, efallai, o'i draddodiad, gan fod Satan, yn wahanol i'r diafol Groegaidd, yn enw Semitaidd. Dro arall bydd Marc yn uniaethu drygioni â phechod sydd, yn ei dyb ef, yn deillio o'r tu mewn i ddyn. Fel Israel, profwyd (= temtiwyd) Iesu yn yr anialwch, a hwyrach mai profiad Israel sy'n esbonio'r cyfnod o ddeugain diwrnod hefyd, er bod treulio cyfnod o amser ar eu pennau eu hunain yn nodweddiadol o brofiad Moses ac Elias fel unigolion. Gweler Ex.

34:28 (profiad Moses ar Sinai) a 1 Bren. 19:8 (profiad Elias ar y ffordd i Horeb).

Y mae'r temtiad yn symboleiddio'r frwydr barhaol rhwng Iesu a drygioni. Newyddion da am ei fuddugoliaeth yw'r efengyl, er nad yw'r frwydr drosodd o bell ffordd eto; yn wir, nid oes unrhyw ganlyniad yma, gan fod y frwydr yn parhau am weddill ei weinidogaeth. Yn ôl Marc, brwydro ar wastad cosmig y mae Iesu yn hytrach na mynd trwy brofiad o frwydr fewnol seicolegol. Rhagfynegir buddugoliaeth eschatolegol, oherwydd goblygiad y cyfeiriad at ddofi'r anifeiliaid gwyllt (Cymh. Eseia 11:6f), a all hefyd fod yn symboleiddio drygioni, yn ogystal â'r cyfeiriad at yr angylion yn gweini arno, yw fod paradwys wedi'i hadfer.

1:14-15 Dechrau'r Weinidogaeth yng Ngalilea

Y mae'r olygfa'n newid o'r anialwch a'r Iorddonen i Galilea, o Ioan i Iesu, o fedydd edifeirwch at gyhoeddi efengyl Duw, ymadrodd sy'n awgrymu dylanwad yr eglwys fore. Ei ystyr, mae'n debyg, yw'r newyddion da am deyrnas Dduw yn hytrach na'r newyddion da sy'n dod oddi wrth Dduw. Galilea (lleoliad rhyfedd ar gyfer y Meseia Iddewig) yw cyd-destun daearyddol gweinidogaeth Iesu, gweinidogaeth nad yw'n cychwyn cyn i weinidogaeth Ioan ddod i ben. Yn ôl amserlen efengyl Ioan, ar y llaw arall, y mae Iesu ac Ioan yn gweinidogaethu ochr yn ochr â'i gilydd am gyfnod. Dichon fod Marc wedi newid yr amserlen er mwyn rhoi mwy o bwyslais ar swyddogaeth Ioan fel rhagflaenydd. Hwyrach fod ei ddewis o'r gair 'traddodi', a gyfieithir 'carcharwyd' yn y *BCN*, yn cadarnhau hynny, gan fod y gair yn awgrymu fod Ioan yn cael ei draddodi i'w dynged gan Dduw. Nid yw Marc yn cynnwys adroddiad am garchariad Ioan tan 6:14-29.

Pwysleisio prif thema dysgeidiaeth Iesu yw bwriad yr awdur yma. Craidd ei genhadaeth yw teyrnas neu frenhiniaeth Duw. Cymh. Salmau 24, 29, 47, 93, 95, 97, 99, 103, bob un ohonynt yn cyhoeddi fod Duw yn frenin. Credai'r Iddewon y byddai'r deyrnas yn dod naill ai trwy rym arfau (y Selotiaid) neu drwy ymyrraeth Duw a thrychineb gosmig. Roedd hyn oll i ddigwydd yn y dyfodol, er bod Iesu'n datgan fod hynny'n agos. Os amgen, gallai unigolyn hyrwyddo'r deyrnas trwy ufuddhau i'r Gyfraith. Dyma'r gred y mae Iesu'n ei herio mor gryf yn ôl penodau agoriadol Marc. Eto i gyd, i baratoi am y deyrnas rhaid i bobl droi at Dduw; roedd angen tröedigaeth - dyna yn ei hanfod ystyr 'edifarhau'. Cymh. Joel 2:12-13. Ac o fewn cyd-destun Cristnogol ystyr hynny oedd credu yn y newyddion da am iachawdwriaeth Duw yn Iesu Grist.

1:16-20 Galw Pedwar Pysgotwr

Un o brif themâu Marc yw beth yw ystyr bod yn ddisgybl. Rhaid i'r sawl y mae Iesu'n ei alw ymateb ar unwaith. I danlinellu hynny, y mae hanes Marc am weinidogaeth Iesu'n cychwyn gyda galwad pedwar disgybl a'u hymateb ar unwaith. Amcan pellach yr adroddiadau yw dangos fod y pedwar yma'n dystion o'r cychwyn cyntaf. Nid oes modd gwybod a oedd Iesu wedi cyfarfod unrhyw un o'r pedwar cyn hynny ai peidio. Er hynny, mae'n amlwg fod pob un ohonynt, fel gwir ddisgybl, yn barod i ymwrthod â phob uchelgais gyrfa (maent yn rhoi'r gorau i'w gwaith pysgota) a phob ymrwymiad teuluol (maent yn gadael eu rhieni). Cymh. 10:29f. Goblygiad eu hymrwymiad i Iesu yw ymadael â phawb a phopeth (= edifarhau) a'i ddilyn (= credu ynddo).

Llyn mawr mewndirol yw Môr Galilea, mewn gwirionedd, fel y mae Luc yn cydnabod, ryw 12 milltir o hyd a 6 milltir o led. Y mae'r awdur yn cymryd yn ganiataol fod ei ddarllenwyr yn gwybod pwy yw Simon ac Andreas, yn wahanol i Ioan, sy'n cyflwyno Andreas fel un oedd yn ddisgybl i Ioan Fedyddiwr yn wreiddiol. Ymddengys fod y ddau frawd yn pysgota o'r lan gyda rhwyd dan bwysau; mae'r ddau, felly, yn llai cefnog na Iago ac Ioan, er nad oedd pysgotwyr ymhlith tlodion y gymdeithas yng Ngalilea o bell ffordd. Yn achos y rabiniaid, y disgybl oedd yn dewis ei athro, ond yma Iesu sy'n dewis ei ddisgyblion. Dyma batrwm galwad Duw i'r proffwydi yn yr Ysgrythurau Hebraeg. Eu gwaith fydd pysgota am ddynion, fel y darlunir yn y damhegion sy'n sôn am ddiwedd amser fel helfa fawr o bysgod (Cymh. Mth. 13:47-50 ac In. 21:11).

Cyflwynir Iago fel 'mab Sebedeus' er mwyn gwahaniaethu rhyngddo ef a'r Iago arall, sef brawd Iesu. Ymhen amser daeth ei frawd Ioan yn fwy adnabyddus, ond ym Marc y mae Iago ac Ioan ynghyd â Phedr yn gwmni arbennig i Iesu o blith y deuddeg (gweler 5:37; 9:2; 14:33). Y mae meibion Sebedeus, fel Simon ac Andreas, yn ymateb ar unwaith ac yn gadael eu tad, ar drugaredd y gweision cyflogedig efallai; os amgen, y mae'r cyfeiriad at y gweision yn sicrhau'r darllenwyr nad oedd Sebedeus wedi'i adael heb unrhyw fath o gymorth.

1:21-28   Y Dyn ag Ysbryd Aflan ynddo

Roedd gan bob tref a phentref Iddewig o unrhyw faint synagog lle'r ymgasglai'r Iddewon ar y Saboth i wrando ar yr Ysgrythurau, i weddïo, i ganu salmau ac i wrando ar bregeth, ond nid i aberthu gan na chaniateid aberthu ond yn y Deml yn Jerwsalem. Tref ar y ffin gyda thollfa oedd Capernaum ar lan ogledd-orllewinol y llyn (*Tell Hum* heddiw). Dyma gartref Simon ac Andreas, yn ôl pob tebyg. Darganfuwyd olion synagog o gyfnod diweddarach ar safle tebygol y synagog sy'n lleoliad i'r digwyddiad hwn. Ac yntau'n Iddew, roedd Iesu'n arfer mynychu'r synagog ar y Saboth. Dichon mai Iesu oedd y pregethwr (Cymh. Lc.4:16-30), oherwydd gallai lleygwr dderbyn gwahoddiad i bregethu. Parodd rhywbeth yn ei gylch i bobl sylweddoli fod ganddo awdurdod allan o'r cyffredin - ei ymddygiad, mae'n debyg, yn hytrach na chynnwys ei ddysgeidiaeth. A dweud y gwir, nid oes gan Farc fawr o ddiddordeb yng nghynnwys manwl athrawiaeth Iesu, yn wahanol i Fathew a Luc. Y mae *charisma* neu awdurdod Iesu'n hollol unigryw; nid awdurdod sy'n tarddu o athro neu lyfr sydd ganddo, nid awdurdod yr ysgrifenyddion, felly, sef y diwinyddion lleyg oedd yn arbenigwyr ar ddehongli'r Torah (y cyfreithwyr, felly, er bod y Torah yn berthnasol i bob agwedd ar fywyd).

Ar yr ymweliad hwn â'r synagog dyma Iesu'n cyflawni gwyrth. Y paradocs yw fod Marc yn cyflwyno'r wyrth fel *dysgeidiaeth* Iesu; os amgen, dilysu ei ddysgeidiaeth y mae'r weithred o fwrw allan gythreuliaid. Nid oedd gweithredoedd o'r fath yn anghyffredin bryd hynny, ond ymddengys fod bwrw allan gythreuliaid yn nodweddiadol o Iesu. Yn yr achos hwn, er iddo gyflawni'r wyrth ar y Saboth, nid yw hynny'n achosi dadl, dim ond syndod at ei allu. Ni chaniateid mynediad i'r synagog i ddyn dan feddiant cythreuliaid fel arfer. Fe'i hystyrid yn aflan, yn wahanol i Iesu sy'n cael ei gydnabod yn 'sanct' Duw. Mae'n debyg fod y dyn yn dioddef o ryw anhwylder meddwl - sterics, sgitsoffrenia (mae'n cyfeirio ato'i hun fel 'ni') neu rywbeth tebyg. Credid fod y fath gyflwr, fel pob afiechyd, yn deillio o feddiant ysbrydion aflan. Gwrthdaro, felly, sydd yma rhwng gallu Duw (yn Iesu) a grym drygioni. Y mae'r ysbrydion aflan yn ceisio cael y gorau ar Iesu trwy gydnabod pwy mewn gwirionedd yw ef, er iddynt ei gyfarch fel Iesu y Nasaread (sy'n golygu 'o Nasareth', mae'n debyg. Cymh. 1:9. Os amgen, mae'n ffurf ar Nasir - fel Samson - neu'n tarddu o'r gair am 'gangen' oedd yn deitl i'r Meseia). Fel grymoedd 'goruwchnaturiol' mae ganddynt allu goruwchnaturiol i adnabod Iesu; gwyddent, felly, fod gan Iesu genhadaeth i'w ddinistrio. Maent yn ei herio i beidio ag ymyrryd â hwy (adn. 24). Sefyll ei dir, fodd bynnag, a wnaeth Iesu a chan ddefnyddio'r dull traddodiadol o fwrw allan gythreuliaid, sef dwrdio'r cythreuliaid a rhoi taw arnynt, mae'n iacháu'r dyn, ond nid cyn i'r cythreuliaid weiddi allan mewn protest.

Yn olaf, pwysleisir eto syndod y dorf, sy'n cydnabod naill ai dysgeidiaeth newydd Iesu ag awdurdod neu ei allu (= awdurdod) dros gythreuliaid (y mae'r naill fel y llall yn ddehongliad posibl o'r Groeg). Cymaint yw eu syndod a'u hedmygedd ohono fel bod y newyddion am Iesu'n lledaenu dros Galilea ac efallai y tu hwnt i Galilea hefyd.

1:29-34 Iacháu Llawer

Wedi'r hanes am Iesu'n bwrw allan gythreuliaid (ei athrawiaeth) cawn hanes iachâd corfforol arferol (ei weithgarwch), sy'n cydymffurfio â phatrwm cyffredin hanes gwyrth, gyda manylion moel am y symptomau, gweithred Iesu a phrawf fod yr iachâd yn ddilys. Yr unig beth arall a ychwanegir yw enw'r sawl a iacheir, sef mam-yng-nghyfraith Simon, sy'n cadarnhau fod Simon yn briod, gyda llaw. Dyma un o atgofion Pedr, yn ôl rhai, gyda 'daethant' yn lle'r 'daethom' gwreiddiol. Byddai'r stori o arwyddocâd arbennig i Simon, yn sicr. Sylwer fod Iesu'n iacháu trwy gyffwrdd â'r claf, oherwydd mewn mannau eraill y mae gair yn ddigon i gyflawni iachâd. Y mae'r wraig, wedi'r iachâd, yn gweini wrth y bwrdd, fel gwragedd eraill o blith y disgyblion, er nad oedd y rabiniaid yn caniatáu i ferched weini fel hyn.

Ni cheir ond un cyfeiriad at ddiwedd y dydd ym Mathew a Luc, ond mae'r ailadrodd ym Marc yn tanlinellu'r pwynt fod hawl gan bobl i ddod â'u cleifion at Iesu, gan fod y Saboth drosodd. Yna cawn grynodeb, a rhywfaint o orddweud hefyd, o weinidogaeth iacháu Iesu, sy'n cynnwys iacháu corfforol yn ogystal â bwrw allan gythreuliaid. Yr un rhai yw'r 'pawb' a ddygir ato â'r 'llawer' a iacheir, gan fod 'llawer' yn cyfateb i 'bawb' yn yr Hebraeg. I gloi fe gyfeirir mewn modd amlwg at 'y gyfrinach Feseianaidd', fel y'i gelwir. Rhaid cadw hanfod Iesu (1:24, 34; 3:11-12) yn ogystal â'i allu i iacháu (1:44; 5:43; 7:36 ac yn y blaen) yn gyfrinachol. Yn ôl Wilhelm Wrede, dyfais yr eglwys fore oedd y gyfrinach i gelu'r ffaith nad oedd ei gyfoeswyr yn cydnabod Iesu yn Feseia, tra bod eraill yn dadlau fod y 'gyfrinach' yn hanesyddol gywir, gan fod Iesu am osgoi cyhoeddusrwydd. Hwyrach fod Marc am bwysleisio fod y math o Feseia oedd Iesu yn ddirgelwch na fedrai neb ei ddeall tan ar ôl ei farwolaeth. Gydol ei fywyd nid oedd neb ar wahân i'r rheini â gwybodaeth oruwchnaturiol ganddynt yn dirnad hanfod Iesu.

1:35-39   Taith Bregethu

Cofnodir fwy nag unwaith gan Marc fod Iesu'n troi at Dduw mewn gweddi wrth gyrraedd trobwynt yn ei weinidogaeth ac yntau'n teimlo dan bwysau. Yma mae'n rhaid iddo benderfynu symud o ardal lle'r oedd ei weinidogaeth yn effeithiol ac yn boblogaidd. Roedd Iddewon duwiol yn arfer gweddïo yn y bore bach ac y mae dymuniad Iesu i fod ar ei ben ei hun i weddïo yn pwysleisio ei ymwybyddiaeth o fod yn ddibynnol ar Dduw. Mae'n llwyddo i ddianc i le unig, ymadrodd a all fod yn gyfeiriad at yr anialwch.

Y mae Simon (dylid nodi mai Simon yw'r arweinydd) a'i gyfeillion yn chwilio am Iesu. Yma, fel ar adegau eraill, eu bwriad yw hybu poblogrwydd Iesu. Yn hyn o beth, mae'r disgyblion yn cynrychioli'r rheini sy'n chwilio amdano am resymau anghywir ac yn cael eu siomi o'r herwydd. Rhaid i Iesu symud ymlaen ac ymweld â gweddill Galilea, er nad yw'n gwneud dim mwy nag ymestyn y weinidogaeth a gyflawnodd yng Nghapernaum, sef pregethu a bwrw allan gythreuliaid. Hwyrach hefyd fod yr adroddiad yn adleisio safbwynt yr eglwys fore yn y cyfeiriad at 'eu' (sef yr Iddewon) synagogau.

1:40-45   Glanhau Dyn Gwahanglwyfus

Roedd y gwahanglwyf, fel yr awgryma'r enw, yn glefyd croen erchyll oedd yn gwahanu dyn oddi wrth gymdeithas ar gyfrif ei aflendid. Ystyrid y gwahanglwyfus yn gelain fyw, fel petai. Roedd iacháu'r fath berson, felly, yn gyfystyr â chodi'r meirw. Cymh. hanes Naaman yn 2 Bren. 5. Nid oes gan Iesu yma unrhyw ofn y gwahanglwyf; yn wir, wrth ei iacháu mae'n cyffwrdd â'r gwahanglwyfus ac felly'n torri'r Gyfraith (gweler Lef. 13-14). Y mae'r gwahanglwyfus yn erfyn am gymorth ac ymddengys ei fod yn fwy amheus o barodrwydd Iesu i'w iacháu (os mynni) nag o'i allu i gyflawni'r wyrth.

Eto i gyd, y mae Iesu'n ei iacháu ar unwaith ac yn ddiamod. Y mae'r gwahanglwyf yn gadael y dyn yn union fel ysbryd aflan wedi'i daflu allan. Roedd y testun gwreiddiol yn sôn am ddicter Iesu (yn wyneb cyflwr y gwahanglwyfus?), er bod llawysgrifau eraill yn dweud mai trugaredd ysgogodd ymateb Iesu. Byddai dicter yn gyson â'r geiriau cryf sy'n disgrifio rhybudd Iesu. Mae'n chwyrnu, megis, at y dyn ac yn ei rybuddio (yn ofer, fel mae'n digwydd) i gadw'r cyfan yn gyfrinach. Ar y llaw arall, i brofi dilysrwydd yr iachâd, mae Iesu'n dweud wrtho am geisio cadarnhad yr offeiriad, yn ôl gofynion y Gyfraith (Lef. 13-14). Byddai hynny'n caniatáu iddo ailymuno â chymdeithas. Nid y Gyfraith sy'n poeni Iesu yn gymaint â'r sefyllfa ymarferol. Nid yw'r gwahanglwyfus, fodd bynnag, yn ufuddhau nac i Iesu nac i'r Gyfraith. Yn hytrach, mae'n lledaenu'r hanes. Y canlyniad yw pwysleisio statws Meseianaidd Iesu. Cymh. Mth. 11:5 = Lc. 7:22. Canlyniad pellach yw dangos sut y mae Iesu'n dymchwel pob rhwystr rhwng glân ac aflan. Mae'n cyffwrdd â'r dyn aflan ac yn ei adfer i gymdeithas 'normal' (= glân).

2:1-12 Iacháu Dyn wedi ei Barlysu

Hyd yma brwydro yn erbyn drygioni goruwchnaturiol y bu Iesu - Satan, ysbrydion aflan a'u tebyg, ond fe geir yn awr gyfres o bump stori 'ddadl' (2:1-3:6), sy'n dangos sut y bu raid iddo ymryson â gwrthwynebwyr dynol, sef Iddewon cyfreithgar, sy'n ymateb yn ffyrnig yn erbyn ei agwedd esgeulus tuag at y Torah. Asgwrn y gynnen yn y stori gyntaf yw honiad Iesu fod ganddo awdurdod i faddau pechodau neu'n hytrach i gyhoeddi maddeuant pechodau ar ran Duw. Gwrthod yr hawl y mae'r ysgrifenyddion, yr arbenigwyr ar ddehongli'r Torah.

Gwyrth iacháu yw cyd-destun y ddadl. Yn wir, yn ôl rhai

esbonwyr, gosodwyd y ddadl (adn. 5b-10) i mewn i fframwaith hanes gwyrth gyffredin yn ddiweddarach; roedd yr hanes gwreiddiol yn disgrifio cyflwr y claf, y weithred iacháu ac ymateb y dorf sy'n cadarnhau dilysrwydd yr iachâd. Hwyrach fod hynny'n wir, yn enwedig o ystyried fod y ddadl yn nodweddiadol o'r dadlau cyson rhwng Iddew a Christion ar ôl amser Iesu ynghylch awdurdod Iesu a'i statws. Yn ei ffurf bresennol y mae'r stori yn pwysleisio sut y mae Iesu'n cael y gorau ar bechod yn ogystal â'r Gyfraith, pwynt a danlinellir yn gyson gan Paul yn ei lythyrau. Portreadir gwrthwynebwyr Iesu yn yr adran hon (2:1-3:6) weithiau fel 'ysgrifenyddion' (2:6,16), weithiau fel 'Phariseaid' (2:16,18,24; 3:6) a hyd yn oed fel 'ysgrifenyddion y Phariseaid'. Does fawr o ots pwy yn union oeddynt, gan mai cynrychioli y maent amddiffynwyr y Gyfraith a heriwyd gan Iesu nes iddo golli ei fywyd, tynged y mae Marc yn cyfeirio ati ddwywaith yn yr adran hon (2:20 a 3:6).

Y mae bwlch amlwg rhwng 1:45 a 2:1, lle y mae Iesu wedi dychwelyd i Gapernaum, wedi iddo lwyddo i gyflawni ei genhadaeth, yn ôl pob tebyg. Er y dywedir fod Iesu 'gartref', go brin mai Capernaum oedd ei gartref. Hwyrach y dylid mabwysiadu'r cyfieithiad 'mewn tŷ', cyfeiriad felly at dy Simon neu ryw gyfaill arall. Tra'n pregethu'r gair (ymadrodd eglwysig - cymh. 1:45; 4:33; 8:32) mae'n cyflawni iachâd, fel ag y mae yn gyson.

Y mae'r dyn wedi'i barlysu ac yn dibynnu nid yn unig ar gymorth ymarferol ei gyfeillion, ond ar eu (nid 'ei' sylwer) ffydd hefyd. Pwysleisir droeon ym Marc, ond yma am y tro cyntaf, fod iacháu'n rhagdybio ffydd. Fel arfer, nid oedd gan dŷ yng ngwlad Palestina ond un ystafell, gyda tho gwastad a grisiau y tu allan. Byddai'n waith hawdd cloddio trwy'r to gwellt a phridd. Ac yntau'n cael ei gludo ar fatras, sef gwely dyn tlawd, mae'n amlwg hefyd fod y claf ymhlith tlodion y gymdeithas.

I gychwyn y mae Iesu'n ei iacháu tryw ddatgan fod ei bechodau wedi'u maddau. Rhagdybiaeth y datganiad yw mai pechod sydd wrth wraidd afiechyd, cred gyffredin ymhlith yr Iddewon (Cymh. Eseia 40:2). Dichon fod Iesu'n rhannu'r gred honno, er bod In. 9:3 a Lc. 13:1-5 yn awgrymu'r gwrthwyneb. Nid yw'n gofyn i'r claf buro ei bechodau trwy gyfrwng defod buredigaeth (aberth, er enghraifft). O ganlyniad, cabledd yw'r datganiad, yn ôl arbenigwyr y Gyfraith, gan mai Duw yn unig sydd â'r hawl i faddau pechodau. Ni wiw i ddyn meidrol fynnu'r fath hawl. Y mae Iesu yma, felly, yn mynd y tu hwnt i swyddogaeth y proffwyd neu'r arweinydd charismataidd; nid oedd hawl hyd yn oed gan y Meseia i faddau pechodau, yn ôl yr Iddewon. Cyflwynir yr ysgrifenyddion mewn modd artiffisial braidd; sylwer hefyd ar eu ffordd ddirmygus ('hwn') o gyfeirio at Iesu. Ar ddiwedd y ddadl mae'n amlwg fod yr ysgrifen-yddion wedi diflannu gan na allant fod ymhlith y 'pawb' yn adn. 12. Ymddengys hefyd fod Iesu'n ymwybodol o'u meddyliau trwy ryw weledigaeth y tu hwnt i'r naturiol, ac felly mae'n ymddwyn eto fel Duw. At hynny, mae'n honni mai yn rhinwedd ei swydd fel cennad Duw (Mab y dyn - cymh. Dan. 7:14) y mae'n cyhoeddi maddeuant pechodau. Ac fel ar adegau eraill, mae'n baglu'r ysgrifenyddion. Yna i gyfiawnhau ei hawl mae'n cyflawni'r iacháu ac felly'n profi y tu hwnt i bob amheuaeth fod ganddo awdurdod i faddau pechodau.

Mewn rhai cylchoedd fe gysylltid Mab y dyn (ffordd Iesu o gyfeirio ato'i hun) â dydd y farn a'r angen am faddeuant oedd yn dilyn. Yma, felly, y mae Mab y dyn (= Iesu) yn achub y blaen ar y *parousia* (y dyfodiad) ac yn hawlio awdurdod Duw (i faddau) ar y ddaear. Dengys ymateb eithafol y dorf, a hwy-thau'n dystion, mae'n debyg, i'r gwyrthiau blaenorol, fod y wyrth arbennig hon yn gyfan gwbl anghyffredin; yn eu tyb hwy mae'r wyrth yn cadarnhau statws anghyffredin Iesu. O ganlyniad, dyma hwy'n clodfori Duw (am y gallu a ddangosir gan Iesu, yn ôl pob tebyg).

2:13-17 Galw Lefi

Yr ail beth sy'n ysgogi dadl rhwng Iesu a'r Iddewon cyfreithgar yw ei arfer o fwyta gyda phechaduriaid, sef y rheini nad oeddynt yn cadw'r Torah, pobl fel y Cenedl-ddynion neu'r casglwyr trethi oedd yn gweithio i feistri paganaidd. Ac yntau'n eistedd wrth y bwrdd gyda phaganiaid, roedd Iesu mewn perygl o dorri'r cyfreithiau bwyd, naill ai trwy fwyta bwyd gwaharddedig neu drwy gymryd bwyd nad oedd wedi'i baratoi na'i gyflwyno yn ôl rheolau'r Gyfraith.

Cyd-destun y stori yw galwad disgybl a'i ymateb ar unwaith, fel y stori am Simon, Andreas, Iago ac Ioan yn y bennod flaenorol. Y tro hwn y mae'r sawl a elwir yn gasglwr trethi ac yn was cyflog i Herod Antipas, a bwrw ei fod yn gweithio yng Nghapernaum neu yn un o'r tollfeydd eraill ar lan y llyn. Roedd y casglwyr trethi yn destun dirmyg eu cydwladwyr nid yn unig ar gyfrif eu trachwant, ond am gydweithio â'r gelyn paganaidd. Lefi yw enw'r unigolyn, ond ymddengys na ddaeth Lefi'n un o'r deuddeg onibai y derbynnir tystiolaeth Mth. 9:9; 10:3, sy'n ei uniaethu â Mathew. Os amgen, gellid ei uniaethu â Iago, fab Alffeus, neu fe allai Iago fod yn frawd iddo.

Unwaith eto mae'r Phariseaid (neu eu 'disgyblion', sy'n ymadrodd od gan nad oedd disgyblion fel y cyfryw gan y Phariseaid) yn ymddangos mewn modd artiffisial. Y mae'r stori alwad wedyn yn troi'n stori ddatgan, gan fod y Phariseaid yn herio disgyblion Iesu, sy'n ymddangos yma fel grŵp am y tro cyntaf ym Marc, a Iesu'n ymateb gyda dihareb, sy'n egluro fod ei genhadaeth wedi'i hanelu at bechaduriaid nad oeddynt yn cadw'r Torah, 'pobl y tir' (am ha'arets), a defnyddio enw poblogaidd amdanynt. Symboleiddir parodrwydd Iesu i'w uniaethau ei hun â phechaduriaid yn hytrach na'r Phariseaid (cyfiawn) cyfreithgar yn y weithred o rannu pryd o fwyd â hwy, gweithred oedd yn symbol o wir gyfeillgarwch yn y gymdeithas Iddewig. Hwyrach fod yr arfer o gymdeithasu â gwaharddedigion yn achub y blaen ar y genhadaeth at y Cenhedloedd hefyd.

2:18-22   Holi ynglŷn ag Ymprydio

Yn ôl gofynion y Torah disgwylid i'r Iddew ymprydio ar ddydd y Cymod (Lef. 16:29) yn ogystal ag ar adegau o angen arbennig. At hynny, byddai Iddewon duwiol, fel y Phariseaid, yn ymprydio ddwy waith yr wythnos, ar ddydd Llun a dydd Iau. Cymh. Lc. 18:12. Mae'n amlwg nad oedd Iesu a'i ddisgyblion yn dilyn gofynion y Torah yn hyn o beth, gan fod eu gwrthwynebwyr yn eu cyhuddo o esgeuluso arfer crefyddol pwysig. Mae'n amlwg hefyd fod gwahaniaeth rhwng Iesu a Ioan Fedyddiwr yn y cyswllt hwn. Cymh. Mth. 11:18-19 = Lc. 7:33-35. Yn wir, efallai nad dadl rhwng Iesu a'r Phariseaid, ei wrthwynebwyr 'traddodiadol', oedd hon yn wreiddiol, ond dadl rhwng disgyblion Ioan a rhai Iesu.

Dichon fod disgyblion Ioan wedi goroesi fel 'enwad' arbennig ar ôl i Ioan farw, ond asgwrn y ddadl yn y cyswllt hwn yw fod disgyblion Ioan yr un mor selog â'r Phariseaid dros gadw'r Torah a mynd y tu hwnt i'w gofynion, mewn gwirionedd. Dyma'r hen ffordd o geisio cyflawni ewyllys Duw. Ffordd newydd sydd gan Iesu i'w chynnig. Amcan y dywediadau am y darn o frethyn heb ei bannu a'r gwin newydd, felly, yw pwysleisio nad oes modd cymodi rhwng yr hen a'r newydd, gydag awgrym cryf ar y diwedd mai'r newydd sydd orau.

Hwyrach fod y dywediadau hyn, er yn ddywediadau dilys o eiddo Iesu, wedi'u hychwanegu at y stori hon yn ddiweddarach. Daw prif ymateb Iesu ar ffurf dameg, y ddameg gyntaf ym Marc, am lawenydd gwledd briodas, sy'n symboleiddio dyfodiad y deyrnas neu ddiwedd y byd, fel mewn damhegion eraill. Nid yw'n briodol ymprydio yn y fath amgylchiadau, fel roedd yr Iddewon eu hunain yn cydnabod, gan fod mynychu priodas yn rhyddhau dyn o bob dyletswydd grefyddol. Y cam nesaf oedd alegoreiddio'r ddameg a dweud mai Iesu oedd y priodfab.

29

Pregethwyr Cristnogol sy'n gyfrifol am hynny, yn ôl pob tebyg, gan na fyddai Iesu ei hun wedi hawlio'r fath beth. Ceir awgrym hefyd o farwolaeth Iesu, pan fydd llawenydd yn troi'n alar. Y mae hynny wedyn yn cyfiawnhau'r Cristnogion hynny a ailsefydlodd yr arfer o ymprydio (ar ddydd Gwener). Cymh. Didache 8:1.

2:23-28 Tynnu Tywysennau ar y Saboth

Roedd cadw'r Saboth, fel y cyfreithiau bwyd ac enwaedu, ymhlith gofynion sylfaenol y Gyfraith Iddewig. Y mae Iesu yma'n dadlau â'i wrthwynebwyr, y Phariseaid eto, sy'n ymddangos yn yr olygfa hon eto mewn modd hollol artiffisial, ynglŷn â chadw'r Saboth, ond unwaith eto mae'n cael ei herio i amddiffyn ymddygiad ei ddisgyblion. Nid oedd Cristnogion yn nes ymlaen yn cadw'r Saboth, ond yn hytrach yn dathlu dydd yr Arglwydd (= dydd Sul); byddai'r adroddiad hwn, felly, yn gymorth i gyfoeswyr Marc yn eu dadleuon â'r Iddewon.

Cae ŷd yw'r cyd-destun. Wrth dynnu'r tywysennau y mae disgyblion Iesu yn medi ac yn dyrnu, dwy weithred a waherddir ar y Saboth. Cymh. Ex. 34:21. Adeg y cynhaeaf yw hon (o gwmpas Ebrill-Mai). Amddiffyn y weithred yn null y rabiniaid yw ymateb cyntaf Iesu. Mae'n apelio at ddigwyddiad blaenorol yn yr Ysgrythurau, sef hanes Dafydd, a oedd yn ddelwedd o ŵr crefyddol yn llygaid cyfoeswyr Iesu; dewis Dafydd oedd torri'r Torah trwy fwyta'r bara gosod i ddiwallu chwant bwyd ei gyfeillion. Angen dynol, felly, sy'n cael y flaenoriaeth. Dadl Iesu yw fod hynny'n cyfiawnhau penderfyniad ei ddisgyblion i dorri'r ddeddf ynglŷn â'r Saboth, oherwydd, fel y dywed, 'Y Saboth a wnaethpwyd er mwyn dyn, ac nid dyn er mwyn y Saboth' (adn. 27), dywediad a adleisir yn y Mishna, gyda llaw, sy'n dangos fod rabiniaid rhyddfrydol yn cytuno â'r safbwynt. Mae'n amlwg fod Iesu'n dyfynnu o'i gof (roedd chwilio testun mewn llyfr yn anodd iawn bryd hynny!), oherwydd y mae'n cyfeirio at Abiathar yr Archoffeiriad, ond Ahimelech, tad

Abiathar, oedd yr Archoffeiriad ar y pryd. Gweler 1 Sam. 21:1-6. Y mae'r ddau ddigwyddiad ynghyd â'r dywediad yn tanlinellu fod angen dynol i gael blaenoriaeth dros reolau defodol.

Seilir dadl olaf Iesu ar ei awdurdod fel Mab y Dyn (Cymh. adn. 10), gan fod hynny'n rhoi iddo awdurdod dros y Torah. Y mae gan gennad Duw yr hawl i ailddehongli Cyfraith Duw a'i diystyru hyd yn oed, gan gynnwys gofyniad mor sylfaenol â chadw'r Saboth yn sanctaidd - hynny yw, yn gysegredig i Dduw. Mae'r fath ddehongliad o adn.28 yn debycach o adlewyrchu bwriad gwreiddiol Marc na'r farn fod yr ymadrodd 'Mab y Dyn' yn gamgyfieithiad o 'ddyn' ac felly'n cyfeirio at y ddynoliaeth yn gyffredinol.

3:1-6   Y Dyn â'r Llaw Ddiffrwyth

Dyma enghraifft arall o ddadl ynglŷn â chadw'r Saboth, a'r tro hwn fe'i cysylltir â gwyrth iacháu. Ymddengys nad oes neb yn amau gallu Iesu i iacháu. Yr unig gwestiwn sy'n codi yw ei barodrwydd i iacháu ar y Saboth ac yn y synagog o bob man (Cymh. 1:21. Yma, fel yn 1:21, yr awgrym yw fod Iesu'n arfer mynychu'r synagog ar y Saboth). Byddai hyd yn oed am-ddiffynnwyr mwyaf selog y Torah yn caniatáu iacháu ar y Saboth mewn achos lle'r oedd bywyd mewn perygl, er gwaethaf y ffaith fod iacháu yn cael ei ystyried yn 'waith'. Cymh. Lc. 14:5.

Ond nid yw'r dyn a'i law wedi'i gwywo ar ei wely angau; byddai iacháu'r dyn, felly, yn torri'r Saboth, tor-cyfraith oedd yn haeddu'r gosb eithaf (Ex. 31:14). At hynny, os yw Iesu'n torri'r Saboth, nid proffwyd mohono. Ymateb Iesu yw herio eu dehongliad cul o gadw'r Saboth. Mewn datganiad sydd ar ffurf cwestiwn dwbl mae'n honni y dylid caniatáu unrhyw weithred sy'n 'gwneud daioni' ar y Saboth; at hynny, byddai esgeuluso'r cyfle i 'wneud daioni' yn gyfystyr â gwneud drygioni, llofruddio hyd yn oed. Dengys hyn fod Iesu'n ymwrthod yn llwyr â chyfreithgarwch, os nad y Torah fel y cyfryw.

O ganlyniad, mae Iesu'n chwalu dadleuon ei wrthwynebwyr,

ac i brofi ei ddadl mae'n iacháu'r dyn (gyda gair ac heb gyffwrdd ag ef o gwbl). Mae'n cyhuddo ei wrthwynebwyr o fod yn galongaled, sef yn ddall o ran eu deall, gan mai'r galon, yn nhyb yr Iddew, oedd lleoliad y deall yn hytrach na'r ymennydd. Canlyniad hynny yw bod clymblaid (*symboulion.* Cymh. 15:1) ryfedd yn cael ei ffurfio rhwng y Phariseaid, y cyfreithwyr cul, a'r Herodianiaid (Cymh. 12:13 a 8:15), cefnogwyr gwleidyddol Herod Antipas, tetrarch Galilea, oedd yn destun dirmyg y Phariseaid, fel arfer. Maent yn cynllwynio i ladd Iesu gan iddo herio mewn modd sylfaenol safbwynt y naill garfan fel y llall. Cytunodd y Phariseaid, fel mae'n digwydd, gydweithio â Herod Agrippa rhwng O.C. 41 a 44 ar adeg o argyfwng cenedlaethol, ond mae'n eironig braidd mai clymblaid rhwng crefydd (y Sanhedrin a Chaiaffas) a gwleidyddiaeth (Rhufain a Pilat) sydd yn y pendraw yn sicrhau dienyddiad Iesu ar y groes.

Gyda'r hanes cyfun hwn (Cymh. 2:1-12) o ddadl a gwyrth daw'r gyfres a gychwynnodd yn 2:1 i ben.

3:7-12 Tyrfa ar Lan y Mor

Wrth gyflwyno'r 'bennod' nesaf yn hanes yr efengyl, y mae'r awdur yn crynhoi hynt a helynt gweinidogaeth Iesu hyd yma. Er gwaethaf gwrthwynebiad yr arweinwyr crefyddol, mae'n amlwg fod Iesu'n hynod o boblogaidd ymhlith y werin ar gyfrif ei weithredoedd mawrion fel iacháu a thaflu allan gythreuliaid. Yn wir, awgrym rhestr fanwl yr ardaloedd y daw ei gefnogwyr ohonynt yw fod Israel gyfan y tu ôl iddo. Cynnwys y rhestr bob rhan o'r Wlad Sanctaidd lle preswyliai Iddewon 'pur'. Dyna paham nad yw'r rhestr yn sôn am bobl Samaria (hanner Iddewon) a Decapolis (Cenedl-ddynion), ond yn cynnwys Tyrus a Sidon, lle'r oedd nifer o Iddewon wedi ymsefydlu. Daw'n amlwg fod Iesu'n llawer mwy poblogaidd na Ioan Fedyddiwr hyd yn oed. Cymh. 1:5.

Ymddengys fod Iesu o fwriad wedi cyfeirio ei weinidogaeth at y werin bobl. Eu hymateb yw ceisio ganddo iachâd a bwrw allan gythreuliaid am y credent fod ganddo allu gwyrthiol cynhenid, mae'n debyg. Cymh. 5:28. Mae'r rhai a feddiannwyd gan gythreuliaid yn talu gwrogaeth iddo, am fod ganddynt wybodaeth oruwchnaturiol o'i wir natur (adn. 11), er i Iesu orchymyn iddynt, fel ar adegau eraill, gadw'n ddistaw amdano. Rhagfynegwyd statws Iesu yn 1:1,11, ond ni ddatgelir y gyfrinach tan ddiwedd yr hanes (15:39).

Un pwynt pellach: er nad oes diben i'r cwch yma, daw ei swyddogaeth yn amlwg yn 4:1.

3:13-19 Dewis y Deuddeg

Os yw holl Israel am ddilyn Iesu yn awr, rhaid wrth arweinwyr i'r Israel newydd. Y patrwm yw arweinyddiaeth deuddeg llwyth yr hen Israel. Daw'r alwad i'r arweinwyr newydd ar fynydd hefyd, yn union fel y daeth yr alwad i Foses ar iddo sefydlu'r hen Israel ar Fynydd Sinai (gweler Ex. 18-19). Sut bynnag, roedd mynydd yn lleoliad cyffredin ar gyfer gweithred ddwyfol fawr. Cymh. 1 Bren. 19:8.

Yn wyneb y symbolaeth nerthol ac amlwg hon y mae rhai ysgolheigion yn amau nad yw dewis y 'deuddeg' yn hanesyddol ddilys, ond mae'r ffaith nad oes unrhyw sôn am y rhan fwyaf ohonynt o hyn ymlaen ynghyd â'r diffyg sôn amdanynt yn yr eglwys fore, yn ogystal â'r ffaith fod y rhestr yn cynnwys Jwdas, y bradwr, yn cadarnhau dilysrwydd y rhestr. Fel Duw yn achos yr hen Israel, Iesu sy'n cymryd y cam cyntaf. Iesu sy'n dewis ei swyddogion cynorthwyol (adn.13-14). Fe'u dewisir yma i fod yn gyfeillion iddo ac i weithredu ar ei ran, er nad oes sôn am y comisiynu fel y cyfryw tan 6:7-13 (gwrthgyferbynner Mt. 10). Eu swyddogaeth yw pregethu a bwrw allan gythreuliaid, yn union fel eu Meistr.

Ac eithrio un ohonynt (gweler isod), y mae'r enwau'n cyfateb i'r rhestr a geir ym Mth. 10:2-4, Lc. 6:14-16 ac Act. 1:13, er nad yw trefn yr enwau'n cyfateb bob tro. Eilradd yw'r cyfeiriad atynt fel 'apostolion' (gweler troednodyn y *BCN*). Fe'i ychwanegwyd mewn rhai llawysgrifau o achos Lc. 6:13.

Simon sydd ar ben y rhestr bob tro, a'r awgrym yw mai dyma'r adeg y derbyniodd ei enw arall, sef Pedr neu Ceffas yn yr Aramaeg (cymh. In. 1:42, Gal. 1:18) - hynny yw 'craig', nid ar sail ei gymeriad, ond efallai am mai ef oedd sylfaenydd a sail y gymuned Gristnogol yn nes ymlaen (gweler Mth. 16:18).

Cafodd dau fab Sebedeus enw arall hefyd, sef Boanerges, gair nad yw ei darddiad yn eglur, ond a ddehonglir gan Marc fel 'meibion y daran', efallai am mai dyna natur eu personoliaeth neu'r dull o bregethu oedd yn nodweddiadol ohonynt. Awgrym arall yw 'efeilliaid'. Dywed eraill fod ystyr gwleidyddol i'r term.

Gwthiwyd Andreas i'r pedwerydd safle, er mwyn tanlinellu pwysigrwydd y grŵp mewnol o dri. Fel Philip, y mae ganddo enw Groegaidd, sy'n adlewyrchu cymdeithas gymysg ddwy-ieithog Galilea. Ystyr Bartholomeus yw 'mab Talmai' (Ptolomeus?), ac felly nid yw ei briod enw yn adnabyddus. Uniaethir Mathew â Lefi yn efengyl Mathew, ond nid ym Marc.

'Gefaill' yw ystyr Thomas; llysenw, felly, yw'r enw hwn hefyd. Fel Lefi, 'mab Alffeus' yw Iago; mae'n bosibl fod y ddau yn frodyr neu fod y ddau enw yn cyfeirio at yr un person. Lebeus yw'r ffurf ar enw Thadeus ym Mathew, ond yn ôl Luc a'r Actau person cwbl wahanol yw'r disgybl hwn, sef Jwdas, fab Iago.

Gelwir Simon yn Gananead, enw y mae Luc yn ei ddehongli, ac yn gywir felly, fel Selot, er na ddaeth y blaid honno i fodolaeth fel y cyfryw tan ar ôl cyfnod Iesu. Eu nod oedd gyrru'r Rhuf-einiaid allan o'r Wlad Sanctaidd. Ymgysegrodd yr aelodau i gyflawni hynny trwy bob dull a modd. Roedd y Selotiaid yn amlwg yn ystod y rhyfel yn erbyn Rhufain (O.C. 66-73).

Yn olaf, dyma Jwdas Iscariot. Ystyr Iscariot yw naill ai 'gŵr o Cerioth' neu 'llofruddiwr', sef *sicarius*, gair Lladin sy'n golygu 'gŵr y gyllell', ac felly enw arall am garfan o wrthryfelwyr o bosibl. Nodir bob amser mai ef fradychodd Iesu.

Nid oes gennym fawr o wybodaeth am y rhan fwyaf o'r rhai a enwyd. Roedd gan rai ohonynt dueddiadau gwrthryfelgar, ond ochr yn ochr â'r rhain cawn gyn-gasglwr trethi, ac felly ni ddylid dyfalu gormod am agwedd wleidyddol y deuddeg - criw cymysg iawn oeddynt ar unrhyw gyfrif.

3:20-30 Iesu a Beelsebwl

Cyfeirir droeon at allu Iesu i fwrw allan gythreuliaid; yn wir, roedd y fath weithredoedd yn nodweddiadol o'i weinidogaeth. Yn yr hanes arbennig hwn gwelwn fod hyd yn oed ei wrthwynebwyr yn cydnabod fod ganddo'r fath allu; ffynhonnell ei allu yw asgwrn y gynnen. Yn ôl ei wrthwynebwyr, y mae'r gallu ei hun yn gythreulig ac yn hyn o beth y mae Iesu'n profi mai hwy mewn gwirionedd sy'n euog o gabledd. Ar yr un pryd, y mae ofn y gallu hwn ar ei ddilynwyr (ei deulu efallai); ofni y maent fod Iesu allan o'i gof.

Y mae Iesu'n dod 'i dŷ', ymadrodd a allai olygu 'adref', ond 'i mewn i' neu 'y tu mewn' i'r tŷ sy'n fwy tebygol yma. Cyfeirir wedyn, yn ôl y *BCN*, at deulu Iesu (Cymh. adn. 31), ond efallai fod y Groeg yn cyfeirio yn hytrach at 'ei gyfeillion' - hynny yw, ei ddisgyblion. Pr'un bynnag, maent yn ceisio ei reoli (gair cryf) am yr honnir (gan eraill, o bosibl) ei fod allan o'i gof.

Y mae Iesu wedyn yn cael ei farnu gan gynrychiolwyr swyddogol awdurdodau y Gyfraith o Jerwsalem. Eu dyfarniad yw fod Iesu dan ddylanwad ysbrydion drwg. Ystyr 'Beelsebwl' yw 'arglwydd y tŷ' - hynny yw, teml baganaidd, ac yma fe'i uniaethir â thywysog y cythreuliaid. 'Beelsebwb' yw'r enw, yn ôl rhai llawysgrifau, sef 'arglwydd y pryfed'. Cymh. 2 Bren. 1:2. Yr honiad, felly, yw fod Iesu'n gwasanaethu'r diafol.

Daw ei ymateb ar ffurf amryw o ddamhegion. Dyma'r tro cyntaf i Marc ddefnyddio'r gair *parabole*, sy'n cyfateb i *mashal* yn yr Hebraeg, gair sy'n dynodi stori neu chwedl, pôs neu ddihareb. 'Cymhariaeth' yw ystyr llythrennol y gair Groeg. Trwy gyfrwng cymhariaeth mae Iesu'n dangos fod ei wrthwynebwyr yn gyfan gwbl ar gyfeiliorn. Ni all unrhyw deyrnas wrthsefyll rhaniadau mewnol. Os yw Iesu'n bwrw Satan allan, ni all fod yn was iddo. Ceir adlais o Eseia 49:24-25 yma hefyd, testun sy'n sôn am YHWH'n goresgyn yr un cadarn (y dyn cryf). Y mae'r ail ddameg wedyn yn sôn am ymosodiad o'r tu allan yn hytrach na rhyfel cartref. Daw'n amlycach, felly, fod Iesu'n curo Satan; mae'n ysbeilio ei dŷ - hynny yw, mae'n rhyddhau pobl sy'n gaeth i Satan. Efallai fod adlais o hanes y temtiad yma hefyd.

Y mae'r fformiwla 'Amen' (= yn wir) yn arwyddo fod Iesu ar fin gwneud datganiad difrifol. Roedd cyflwyno datganiad â'r gair 'Amen' yn un o nodweddion unigryw Iesu, oherwydd yn y synagog ar ddiwedd y weddi yn hytrach nag ar ei dechrau y daeth yr Amen. Yn ei ddatganiad y mae Iesu'n gwrthgyfer-bynnu pechodau cyffredin (yn erbyn dynion = 'meibion dynion') sy'n agored i faddeuant â'r pechod anfaddeuol o gabledd yn erbyn Duw trwy briodoli gallu (ysbryd) Duw i Satan. Y mae pechod o'r fath yn codi rhwystr parhaol rhwng Duw a'r pechadur. Roedd y rabiniaid hwythau'n cydnabod fod rhai pechodau'n cau'r pechadur allan o deyrnas Dduw - er enghraifft, gwadu'r atgyfodiad neu wrthod derbyn mai Duw oedd awdur y Torah.

Anaml iawn y bydd Iesu'n sôn am yr Ysbryd Glân yn yr efengylau cyfolwg; mae'n bosibl, felly, fod geiriad y dywediad hwn yn dibynnu ar ddysgeidiaeth yr eglwys ar ôl yr atgyfodiad.

3:31-35 Mam a Brodyr Iesu

Os teulu naturiol Iesu sydd mewn golwg yn adn. 21, yna mae'r adroddiad hwn yn ailafael yn yr un stori, ond mae'n debycach fod gennym yma adroddiad annibynnol am berthynas Iesu â'i deulu a'i agwedd tuag atynt. Ei fam yma yw ei fam naturiol, Mair fel y cyfeirir ati mewn mannau eraill (6:3). Y tebygrwydd yw mai brodyr naturiol yw ei frodyr hefyd, er i Sierôm ddweud mai cefndyr oeddynt ac i Clement ac Origen ddyfarnu eu bod yn blant i Joseff o briodas gynharach. Bwriad y fath ddyfalu di-sail, mae'n debyg, yw diogelu ym mhob ffordd bosibl wyryfdod parhaol Mair.

Dyma'r cyfeiriad cyntaf at deulu naturiol Iesu ym Marc. Y mae ganddynt barch tuag at Iesu; maent yn sefyll y tu allan ac yn disgwyl gwahoddiad cyn ymuno ag ef. Yn y diwedd, y mae Iesu'n manteisio ar y cyfle i esbonio fod cysylltiadau teuluol yn llai pwysig nag ufuddhau i ewyllys Duw. O ganlyniad, y mae'r rheini sy'n ufuddhau i ewyllys Duw yn fwy teilwng o fod yn deulu iddo na'i fam naturiol, ei frodyr a'i chwiorydd.

Hwyrach fod y cyfeiriad at chwiorydd Iesu mewn rhai llawysgrifau yn adn. 32 yn achub y blaen ar adn. 35. Cyfeirir atynt, fodd bynnag, yn 6:3. Beth sy'n arwyddocaol yn adn. 35 yw'r dystiolaeth nad oedd gan wrywod unrhyw flaenoriaeth ar fenywod yn yr eglwys fore. Gall unrhyw un, boed yn wryw neu'n fenyw, sy'n gwneud ewyllys Duw fod yn rhan o deulu Iesu. Dylid nodi yn ogystal fod agwedd Iesu yma, er mor galed ar yr olwg gyntaf, yn gyson â'r hyn a ddisgwylir gan ei ddisgyblion yn 10:28-30.

4:1-9 Dameg yr Heuwr

Er bod Marc yn cyfeirio'n aml (17 o weithiau) at Iesu'n dysgu, o'i chymharu â'r efengylau eraill, ychydig iawn o gynnwys y ddysgeidiaeth a gofnodir yn efengyl Marc. Yn y bennod hon, gyda'i chyfres o ddamhegion, cawn un o'r darnau prin o athrawiaeth estynedig yn yr efengyl. Daw'n amlwg ym Mathew a Luc fod dysgu ar ddameg yn nodweddiadol o Iesu. Cawn yma, felly, nid yn unig gasgliad o ddamhegion, ond ymgais i esbonio amcan y dull yma o ddysgu.

Ffordd anuniongyrchol o siarad am Dduw sy'n dibynnu ar gyffelybiaeth yw dameg; mae'n caniatáu i'r athro esbonio rhywbeth nad oes modd ei ddisgrifio yn blaen mewn iaith gyffredin gofod ac amser am fod testun y drafodaeth y tu hwnt i ofod ac amser. Ac yn yr achos arbennig yma, dewisodd Iesu droi at ddamhegion i sôn am deyrnas Dduw - hynny yw, Duw yn teyrnasu. Storïau yw llawer o'r damhegion, storïau sy'n tarddu o amgylchfyd cefn-gwlad Galilea. Yn yr ystyr yna, down yn agos iawn at Iesu hanes yn y damhegion. Rhagdybiant fod y gwrandawr yn gyfarwydd â'r cyd-destun gwreiddiol, gan ei fod yntau a Iesu'n rhannu'r un cefndir hanesyddol, cymdeithasol a diwylliannol. Byddai'r gwrandawyr gwreiddiol yn sylweddoli mai bwriad y storïau oedd cysuro rhai, ond herio eraill a'u barnu. Yn anffodus, mae'n anodd yn aml iawn i'r rheini nad oes ganddynt wybodaeth uniongyrchol o'r cyd-destun hwnnw ddeall ergyd y ddameg. Nid yw'r profiad hwnnw'n gyfyngedig i ni yn y byd cyfoes; mae'n amlwg fod Cristnogion y ganrif gyntaf hyd yn oed, wedi i'r efengyl symud allan i fyd y Cenhedloedd, wedi'i chael hi'n anodd deall ystyr rhai o'r damhegion, gan dybied, o'r herwydd, fod y damhegion yn tywyllu ystyr dysgeidiaeth Iesu yn hytrach na'i oleuo.

Ar yr olwg gyntaf ffermio yw testun y stori hon, gyda ffermwr yn hau had ac ymhen amser yn medi cynhaeaf cynhyrchiol, er nad cyn i lawer o'r had fethu cyrraedd llawn dwf. Yng ngwlad Palestina roedd ffermwyr yn arfer hau cyn aredig. Byddai'r llwybr, felly, y cerrig a'r chwyn i gyd wedi diflannu a'u haredig i mewn i'r tir gyda'r had. Nid oedd yr arfer hwn yn wybyddus i ddehonglwyr yn nes ymlaen; aethant ati, felly, i ddehongli pob agwedd unigol ar y stori. Y pwynt yw fod rhywbeth sy'n ymddangos yn gwbl anobeithiol - yn wastraffus hyd yn oed - i ddechrau yn arwain at ganlyniad hynod o lwyddiannus. O gymhwyso'r pwynt at deyrnas Dduw, neges Iesu i'w ddilynwyr oedd iddynt beidio â cholli gobaith; fe ddaw teyrnas Dduw yn ei holl ogoniant brawychus, er i'r disgyblion wynebu rhwystrau ar hyd y ffordd.

Byddai dehonglwyr eraill yn gosod mwy o bwys ar y pedwar cam ac yn derbyn fod llawer yn syrthio ar hyd y ffordd ac yn methu. Lleiafrif yn unig sy'n dod trwodd yn fuddugol i'r deyrnas. Darlunir y deyrnas ar ffurf cynhaeaf yn aml iawn yn llên apocalyptaidd yr Iddewon, gyda llaw. Methu egino y mae peth had, tra bod eraill yn egino ond yn methu tyfu am fod y gwraidd yn rhy agos at wyneb y tir. Y mae peth had yn tyfu, ond yn cael eu tagu gan chwyn. Y mae hyn oll yn cyfateb i drefn natur, sy'n gweld llawer o wastraff cyn cynhyrchu cynhaeaf.

Un o nodweddion Marc yw ei arfer o bortreadu Iesu'n dysgu ar lan y llyn, ac yma mae'n eistedd (mewn cwch), yn ôl arfer athro. Noder hefyd fod Iesu'n mynnu sylw ei wrandawyr trwy atseinio'r *Shema* (Deut. 6:4). Bwriad y ddysgeidiaeth, yn sgîl y dadlau blaenorol, yw mynegi hyder fod llwyddiant yn anochel yn y pen draw, er gwaethaf ymdrech pob gwrthwynebydd, boed yn naturiol neu'n oruwchnaturiol.

4:10-12 Pwrpas y Damhegion

Cafodd yr eglwys fore anhawster i ddeall sut y gallai pobl Dduw (Israel) fod wedi gwrthod Meseia Duw (Iesu). Eu dyfarniad oedd fod hynny'n rhan o gynllun Duw ac wrth ddadlau felly troesant at yr Ysgrythurau (gair Duw) am gymorth, ac yn arbennig at Eseia 6:9-10 a ddyfynnir yma. Cymh. Act. 28:25ff. Trafodir yr un pwynt - ac yn fwy manwl hefyd - gan Paul yn Rhuf. 9-11. Dengys yr adnodau hyn fod Marc yn cytuno â'r safbwynt hwn. Nid oes neb ond yr ychydig dethol yn deall y gyfrinach, sef dirgelwch teyrnas Dduw. Defnyddid y gair *mysterion* (cyfrinach) ymhlith y Cenhedloedd i ddynodi'r crefyddau 'cyfrin' nad oedd neb yn deall eu dirgelion ond yr aelodau oedd yn y gyfrinach. Dynoda'r un gair ragluniaeth Duw yn llên apocalyptaidd yr Iddewon. Yr awgrym yw fod Duw o fwriad yn rhwystro llawer rhag deall ac felly rhag derbyn y maddeuant sy'n sicrhau mynediad i'r deyrnas.

Mae'n amheus a yw'r dehongliad cymhleth hwn ar ddamhegion Iesu yn tarddu oddi wrth Iesu ei hun. Adlewyrchir bwriadau Iesu ei hun ar bwrpas y damhegion ym Mth. 11:25-26 = Lc. 10:21. Y mae'r cyflwyniad i'r adran hon yn codi problem o'r cychwyn - sut gall Iesu fod 'ar ei ben ei hun' ac ar yr un pryd yng nghwmni eraill (y rheini o'i gwmpas - Cymh. 3:34)? At hynny, mae'n anodd cysoni gwybodaeth arbennig y disgyblion a'u dealltwriaeth honedig â'r hanes sy'n dilyn. Yn wir, y mae'r rheini y tu allan (y wraig â'r gwaedlif, y wraig o Syroffenicia, y canwriad), fel rheol, yn deall yn well na dilynwyr Iesu.

Ymateb llawer o ysgolheigion yw ceisio cymedroli ergyd y dywediad trwy ddadlau nad oedd i'r Aramaeg gwreiddiol yr un ergyd lem (ac yn sicr y mae ffurf y dyfyniad yn awgrymu dylanwad y Targwm Aramaeg), ond y mae ystyr Marc yn eglur ac yn cyfiawnhau credoau diwinyddol fel rhagarfaeth yn ogystal â'r gweddill ffyddlon etholedig (= y gymuned Gristnogol). Nid oes gan y rheini sy'n methu ymateb i her y ddameg unrhyw weledigaeth, unrhyw ddealltwriaeth, ac o ganlyniad unrhyw obaith am faddeuant.

4:13-20 Egluro Dameg yr Heuwr

Anaml iawn y byddai Iesu'n cynnig esboniad ar ei ddamhegion; efallai na fyddai byth yn gwneud. Nid oedd Iesu, fel arfer, am alegoreiddio dameg chwaith. Lle ceir dehongliad ar ddameg, fel a geir yma, mae'r dehongliad fynychaf yn alegoreiddio manylion y ddameg. Os felly, mae'n debyg fod y fath ddehongliad wedi'i ychwanegu gan ddilynwyr Iesu ar ôl ei farwolaeth.

Beth bynnag sy'n wir am hynny'n gyffredinol, mae'r dehongliad arbennig yma'n adlewyrchu amgylchiadau cyfnod diweddarach, cyfnod pan oedd Cristnogion yn wynebu erledigaeth, cyfnod yr efengylydd, yn ôl pob tebyg. At hynny, alegoreiddir y gwahanol fathau ar dir a'u huniaethu â mathau arbennig o ymateb i'r efengyl, a gynrychiolir yma gan yr had. Term diweddar am y neges Gristnogol oedd 'y gair'. Cymh. Gal. 6:6, Col. 4:3, 1 Pedr 2:8. Ymhlith y termau eraill sy'n nodweddiadol o'r epistolau (a'r eglwys fore) gellid nodi'r ymadroddion 'dros dro', 'gofalon' a 'hudoliaeth'.

Y neges sylfaenol yw fod popeth yn dibynnu ar wrando. Dyma'r allwedd i ystyr pob dameg ac fe geryddir y disgyblion (ac yn rhyfedd felly yn sgîl adn. 10-12) am beidio â gwrando'n ofalus. Beth, felly, sy'n rhwystro pobl rhag gwrando ac ufuddhau? Tri pheth sy'n gyfrifol, yn ôl y dehongliad: grym drygioni goruwchnaturiol (Satan), pwysau o'r tu allan a gwendid personol. Gellid honni fod y tri pheth yma'n cynnwys y gwahanol esboniadau ar darddiad drygioni. Y mae pob un ohonynt yn ei dro yn adlewyrchu hefyd brofiad y gymuned Gristnogol gynnar; cawsant eu temtio gan Satan; bu raid iddynt wynebu erledigaeth; fe'u hudwyd gan gyfoeth ac uchelgais bydol. Diffyg ymroddiad i her pregethu Iesu sy'n nodweddiadol o'r fath Gristnogion; maent yn syrthio ar y ffordd. Perthyn y deyrnas i'r rheini sy'n dal hyd y diwedd. Dyma'r neges o gysur ac o anogaeth ar gyfer ei gyd-Gristnogion y mae Marc yn ei gweld yn nameg yr heuwr a'r had.

4:21-25 Goleuni dan Lestr

Cawn yma bump dywediad oedd yn annibynnol ar ei gilydd yn wreiddiol; fe'u cyfunir mewn dau bâr gan Marc ac fe gyflwynir y naill bâr a'r llall â'r geiriau 'dywedodd wrthynt'. Anogir y gwrandawr i ddehongli'r dywediad neu'r ddameg yng nghyswllt ei brofiad ei hun yn yr un geiriau ag a geir yn adn.9. Cysylltir y dywediadau â'r dolennau cydiol 'mesur' a 'rhoddir'. Ceir yr un dywediadau mewn cyd-destunau gwahanol ym Mathew (gweler 5:15, 10:26, 7:2 a 13:12) a Luc, er bod Luc yn ailadrodd y darn yma o Farc hefyd.

Y mae'r dywediadau ar ffurf dameg neu ddihareb. Amcan y pâr cyntaf yw sicrhau'r darllenydd/gwrandawr y bydd yr hyn sy'n gyfrinach neu'n ddirgelwch ar hyn o bryd yn cael ei ddatgelu a'i amlygu yn y pen draw. Darlunir hyn mewn modd grymus yn y ddelwedd o guddio golau dan lestr neu wely. Mae'n weithred gyfan gwbl dwp, er yr arferai rhai Iddewon wneud hynny er mwyn osgoi torri'r Saboth. Nid yw mor amlwg pryd y datgelir pob peth. Awgryma'r ail bâr o ddywediadau mai ar ddiwedd amser y daw, er bod y rhybudd gwreiddiol am drin pobl eraill yn deg yn cyfeirio at ddydd y farn. Cymh. Mth. 7:2. Ym Marc, fodd bynnag, datgelir y gyfrinach ar ddiwedd gweinidogaeth Iesu a dyna, felly, yr ystyr sydd i'r dywediadau hyn yn eu cyd-destun ym Marc. Hwyrach fod y dywediad olaf yn ddihareb (ceir dywediadau tebyg ymhlith y rabiniaid) sy'n disgrifio profiad pobl y dwyrain bryd hynny gyda'r cyfoethog yn mynd yn gyfoethocach a'r tlodion yn dlotach. Yma mae'n cyfeirio at y diffyg deall sy'n nodweddiadol o'r rheini sy'n gwrthod gwrando ar ddysgeidiaeth y damhegion.

4:26-29 Dameg yr Had yn Tyfu

Ym Marc yn unig y ceir y ddameg hon, sy'n gymar i ddameg yr hedyn mwstard sy'n dilyn. Fel dameg yr heuwr, mae'n disgrifio bywyd y ffermwr, ond y tro hwn mae'n dweud yn benodol mai amcan y ddameg yw datgelu'r gwir am ryw agwedd ar deyrnas Dduw. Y mae'r ffermwr yn hau'r had, ond yna'n byw ei fywyd beunyddiol (bywyd cyffredin yr Iddew sydd mewn golwg gan fod nos yn arwain at ddydd yn ôl trefn y diwrnod Iddewig oedd yn cychwyn gyda'r nos) heb ymyrryd ymhellach yn y gwaith tan y cynhaeaf pan mae'n medi'r cynnyrch. Yn y cyfamser y ddaear (trwy waith Duw), sy'n sicrhau tyfiant ac yn wahanol i ddameg yr heuwr heb unrhyw rwystr na cholled. Nid oes gan ddyn unrhyw ran yn y tyfiant, a reolir gan Dduw.

Dyma, efallai, ergyd y ddameg. Sicrheir y rheini sy'n colli amynedd yn sgîl diffyg cynnydd nad oes le i amau na ddaw'r deyrnas yn ei holl ogoniant. Nid dyma ffordd y Selotiaid oedd am hybu dyfodiad y deyrnas trwy rym arfau, na'r llenorion apocalyptaidd oedd yn ceisio dyfalu amser ei dyfodiad trwy ddarllen arwyddion yr amserau. Ceisiai'r Phariseaid, ar y llaw arall, achub y blaen ar y deyrnas trwy ufudd-dod manwl i'r Torah. Neges Iesu i'w ddilynwyr yw gadael i Dduw benderfynu pryd yn union y mae'r deyrnas i ddod.

Byddai dehongliad arall yn canolbwyntio ar y gwahaniaeth rhwng y dechrau a'r diwedd, ac yn gosod pwyslais, felly, ar y dyfyniad o Joel 3:13 ar ddiwedd y ddameg. I Joel roedd y cynhaeaf yn symboleiddio dydd y farn (a dyfodiad y deyrnas sy'n dilyn). Bydd yr hyn sy'n ymddangos ar hyn o bryd yn anobeithiol o ddinod yn y pen draw yn aruthrol o fuddugol dros bawb a phopeth. Y mae'r cynhaeaf yn sicr o ddod. Ymateb i'r gwahanol ffyrdd o herio ei awdurdod ym mhen.2-3 y mae Iesu wrth roi'r fath sicrwydd.

4:30-32   Dameg yr Hedyn Mwstard

Gwelir y ddameg hon mewn cyd-destun gwahanol ym Mth. 13:31-32 a Lc. 13:18-19, sy'n awgrymu fod y ddameg wedi'i thraddodi ar ei phen ei hun yn wreiddiol cyn dod yn rhan o draddodiad Marc a'r ffynhonnell Q yn annibynnol ar ei gilydd. Cyflwynir y ddameg â'r gair 'meddai', sydd hefyd yn awgrymu traddodiad annibynnol.

Cydnabyddir eto mewn geiriau eglur nad oes modd sôn am Dduw a'i deyrnas ond mewn iaith anuniongyrchol ar ddameg. Ceir datganiadau tebyg mewn ffynonellau Iddewig. Prif ergyd y ddameg yw'r gwahaniaeth rhwng dechrau'r tyfiant a'i ddiwedd, yr hedyn sy'n ddiarhebol o fychan a'r planhigyn enfawr (gall planhigion mwstard dyfu i ryw wyth i ddeg troedfedd yng Ngalilea).

Unwaith eto daw'r ddameg i ben gyda chyfeiriad at thema ysgrythurol. Yn Esec. 17:23; 31:6 yn ogystal â Dan. 4:12, 14, 21, cyfeirir at adar, sy'n cynrychioli'r Cenhedloedd, yn nythu yng nghanghennau coeden fawr, sy'n cynrychioli'r deyrnas. Y mae geiriau olaf y ddameg, felly, yn achub y blaen ar genhadaeth yr eglwys at y Cenhedloedd. Dyma amcan Marc, ond ergyd y ddameg wreiddiol oedd pwysleisio na ddylid barnu'r canlyniad (dyfodiad y deyrnas) na phroffwydo yn ei gylch ar sail dechreuad sy'n ymddangos yn ddi-werth-sôn-amdano.

4:33-34 Arfer Damhegion

Cydnabyddir yn gwbl agored nad oes gennym yn y bennod hon ond detholiad o ddamhegion Iesu. Sylw golygyddol yw hwn (gweler y cyfeiriad eto at 'y gair', sef yr efengyl), sy'n dangos, efallai, mai bwriad gwreiddiol Iesu wrth ddysgu ar ddameg oedd galluogi pobl i ddeall ei genadwri yn well. Gwrth-ddywedir hyn yn adn. 34, lle pwysleisir eto, fel yn adn. 10-12, y gwahaniaeth rhwng dysgeidiaeth dywyll Iesu yn gyhoeddus a'i arfer o esbonio ei ddysgeidiaeth o'r neilltu. Dewisodd Iesu ddysgu ar ddameg yn wreiddiol am nad oes modd siarad yn uniongyrchol am Dduw. O'r herwydd roedd hi'n hanfodol bwysig i bobl ymateb iddo os oeddynt am ddeall gwir ystyr ei ddysgeidiaeth.

4:35-41 Gostegu Storm

Dyma'r cyntaf mewn cyfres o bedwar hanes gwyrth, sy'n gadarnhad pellach fod Marc yn hytrach na dilyn trefn gronolegol wedi trefnu'r penodau agoriadol yn ôl ffurf y deunydd, sef storïau dadl (pen. 2-3), damhegion (pen. 4), hanesion gwyrth (pen. 4-5). Gwyrth natur yw'r hanes hwn sy'n dangos fod gan Iesu'r math o allu dros natur a briodolid, yn ôl cred yr Iddew, i Dduw'r Creawdwr yn unig.

Credid fod y môr yn gartref i luoedd drygioni. Llwyddodd Duw i greu'r tir ar ôl ennill brwydr yn erbyn lluoedd y môr. Cymh. Salm 107:23-32. Yn yr un modd datguddiwyd grym Duw dros y môr ym mhrofiad yr Israeliaid adeg yr Ecsodus - gweler Ex. 14:21-31. Dylid nodi hefyd fod y stori hon yn adleisio hanes tebyg am Jona - gweler Jona 1:1-16. At hynny, roedd cyflawni 'gwyrthiau' yn lled gyffredin yn nyddiau Iesu, ac felly nid oedd gallu Iesu i gyflawni gwyrthiau yn unigryw. Yma, fodd bynnag, fel yn achos hanesion tebyg, mae'n hynod o anodd penderfynu beth yn union ddigwyddodd neu hyd yn oed a ddigwyddodd unrhyw beth o gwbl, gan fod yr hanes presennol yn frith o iaith symbolaidd.

Y mae Marc yn cysylltu'r hanes â'r adroddiad blaenorol trwy gyfeirio at amser a thrwy gadw Iesu yn y cwch (gweler adn. 1). Nid cwch Iesu yw'r unig gwch, ond diflanna'r cychod eraill yn fuan. Y mae'r cyfeiriad at gychod eraill yn adlewyrchu dylanwad naill ai traddodiad Marc neu Salm 107:23ff. A stormydd sydyn yn gyffredin ar lyn Galilea, mae'n syndod fod storm o'r fath wedi codi ofn ar bysgotwyr profiadol. Adlewyrchu Salm 4:8 y mae hyder Iesu (naill ai yn y disgyblion a'u profiad neu yn Nuw) wrth gysgu ar sedd ledr y llywiwr.

Y mae ymateb y disgyblion i'r ffaith fod Iesu (yr athro = rabbi) yn cysgu ar adeg argyfwng yn ein hatgoffa o ymateb y Salmydd yn Salm 44:23-24. Wedi deffro y mae Iesu'n bwrw allan y drygioni a symboleiddir gan y storm. Defnyddir yr un termau ag yn 1:25 (ceryddu a distewi). Y mae'r ymateb yn syfrdanol, gyda Iesu'n ceryddu ei ddisgyblion am y diffyg ffydd a amlygir yn eu harswyd. Gwelir fod eu ffydd yn ddiffygiol, felly, a bod ganddynt dipyn o ffordd i fynd cyn deall yn iawn wir natur Iesu. Sylweddolant, fodd bynnag, fod ei weithred yn datguddio gallu dwyfol. Duw y Creawdwr yn unig all reoli'r môr. Cymh. Salm 89:8-9. Er hynny, ofn yw'r ymateb (Cymh. 5:36, 6:50, 10:32, 16:8), nid ofn am berygl bywyd, ond ofn dod wyneb yn wyneb â Duw. Ymatebodd y morwyr yn union yr un modd i weithred Jona; cododd 'ofn' arnynt.

5:1-20 Iacháu'r Dyn oedd ym meddiant Cythreuliaid yn Gerasa

Cofnodwyd hanes am Iesu'n bwrw allan gythreuliaid gan Marc yn barod (1:23-27). Y tro hwn cawn lawer mwy o fanylion am gyflwr y claf yn ogystal â'r canlyniad. Yn fwy arwyddocaol, er hynny, yw'r lleoliad. Y mae Iesu wedi croesi'r llyn i Decapolis, ardal y deg dinas, y mwyafrif ohonynt i'r dwyrain o'r Iorddonen, oedd dan ofal rhaglaw Rhufain yn Syria, er bod ganddynt rywfaint o annibyniaeth ers amser Pompeius. Y pwynt yw fod Iesu wedi gadael tiriogaeth yr Iddew ac am y tro cyntaf yn ymweld ag ardal y Cenedl-ddyn. Cadarnheir hyn gan bresenoldeb y moch (anifeiliaid a ystyrid yn aflan gan yr Iddewon. Gweler Deut. 14:8, Lef. 11:7) yn ogystal â'r ffordd y mae'r dyn a feddiannwyd yn disgrifio Duw Israel (adn. 7), sy'n adleisio'r math o dermau a ddefnyddiwyd gan bobl o'r tu allan i Israel yn yr Ysgrythurau Hebraeg (Gweler Num. 24:16, Eseia 14:14, Dan. 3:26 yn ogystal ag Act. 16:17). Ar yr achlysur hwn y mae ymwneud Iesu â'r Cenedl-ddynion yn fyrhoedlog gan yr erfynnir arno i ymadael. Disgrifir ymweliad mwy estynedig â thiriogaeth y Cenhedloedd yn 7:24-8:10.

Cysylltir yr hanes hwn am fwrw allan gythraul â'r hanes blaenorol am fwrw allan gythraul y môr. Teflir y cythreuliaid yn yr achos hwn i'r môr, eu cartref naturiol. Y mae'r naill stori a'r llall yn pwysleisio eto allu Iesu dros ddrygioni, rhywbeth y mae pobl Gerasa yn ei adnabod ac yn ei ofni (adn. 15). Honnir gan rai fod gennym yma gyfuniad o ddwy stori annibynnol, y naill yn sôn am Iesu'n bwrw allan gythraul a'r llall yn seiliedig ar hanes am athro Iddewig anadnabyddus oedd yn bwrw allan gythraul yn nhiriogaeth Cenedl-ddynion a'r weithred yn tarfu ar genfaint o foch. Nid oes angen y fath gymhlethdod. Hwyrach fod rhai esbonwyr am osgoi'r awgrym fod Iesu'n greulon tuag at anifeiliaid. Ni fyddai tynged y moch yn y stori hon yn codi unrhyw ystyriaeth foesol i'r Iddew.

Gerasa yw'r lleoliad yn ôl yr hanes a dyma'r enw yn nhestun gwreiddiol Marc. Yr anhawster yw fod Gerasa ryw 30 milltir o'r llyn. Nid yw'n syndod, felly, fod Mth. 8:28 wedi cywiro hyn a rhoi'r enw Gadara, sy'n nes o lawer (ar fryn ryw chwe milltir o'r llyn). Yn ôl dyfalu Origen, Gergesa oedd yr enw, lleoliad cwbl anhysbys. Cadarnheir, felly, nad oedd gan Marc grap sicr ar ddaearyddiaeth y gogledd. Y fynwent yw trigfan y dyn a feddiannwyd, trigfan naturiol cythreuliaid. Y mae'n rhuthro i gwrdd â Iesu (adn. 2) ac ailadroddir hyn yn adn.6, lle mae'n addoli Iesu, fwy neu lai, wrth ymgrymu ger ei fron.

Yn rhyfedd iawn y mae'r cythreuliaid yn derbyn eu bod

wyneb yn wyneb â grym sy'n drech na hwy, er bod y disgrifiad o gyflwr y dyn yn awgrymu fod y cythreuliaid hwythau'n hynod o nerthol. Fel yn 1:23-27, y mae'r dyn yn dioddef o afiechyd meddwl difrifol. Y mae'n amlwg yma, fel ym mhen.1, fod yr ysbrydion goruwchnaturiol yn adnabod gwir natur Iesu ac unwaith eto mae'r cythreuliaid yn erfyn ar Iesu i adael llonydd iddynt. Noder fod y cythreuliaid, yn annisgwyl braidd, yn cyfeirio atynt eu hunain yn yr unigol yma (Beth sydd a fynni di â *mi*), lle y ceir y lluosog ym mhen.1.

O adnabod enw'r cythraul y mae gan Iesu awdurdod drosto/-tynt. Roedd lleng Rufeinig yn cynnwys 6000 o filwyr, er nad oes ond 2000 o gythreuliaid yn ôl adn. 13, er bod hynny'n nifer sylweddol ar unrhyw gyfrif. Caniateir i'r gythreuliaid ymfudo i genfaint o foch, a'r canlyniad yw cyflawni'r uchelgais hunan-ddinistriol oedd yn amlwg yn ymddygiad y dyn a feddiannwyd ganddynt; dinistrir y moch o'r herwydd yn y môr.

Cadarnheir dilysrwydd yr iachâd yn y disgrifiad manwl o'r dyn ac ymateb ei gydwladwyr, sy'n erfyn ar Iesu i ymadael, er bod y dyn am fynd gyda Iesu. Fe'i gorchmynnir yn hytrach i aros ac i gyhoeddi gweithredoedd mawrion Duw yn y Decapolis. Ceir arwyddion amlwg o waith golygyddol Marc yn y tair adnod olaf. Awgrymir fod y dyn a feddiannwyd gynt yn gennad cyn ei amser i'r Cenhedloedd. Y mae Marc hefyd mewn dau sylw ochr yn ochr â'i gilydd yn adn. 19 a 20 yn peri i'r dyn a feddiannwyd uniaethu Iesu â Duw. Y mae'r diweddglo, felly, yn achub y blaen ar y genhadaeth at y Cenhedloedd. Yn sgîl hynny honnir gan rai fod Cristnogion y Decapolis wedi defnyddio'r stori hon yn nes ymlaen i esbonio sut y daeth yr efengyl iddynt. Pan mae'r dyn yn pregethu (= cyhoeddi) am Iesu yn Decapolis, yr ymateb, yn arwyddocaol iawn, yw rhyfeddod, fel yng Ngalilea.

5:21-43 Merch Jairus, a'r Wraig a Gyffyrddodd â Mantell Iesu

Cyplysir y trydydd hanes â'r pedwerydd yn y gyfres, fel y ddau gyntaf, nid yn unig gyda manylion, fel y cyfeiriad at ddeuddeng mlynedd a'r ffaith mai merch a iacheir yn y naill achos a'r llall, ond hefyd yn strwythurol gyda'r awdur (neu'r traddodiad) yn defnyddio'r ddyfais lenyddol o adrodd un stori y tu mewn i'r llall. Dyma un o hoff ddyfeisiau llenyddol Marc - gweler 3:21-35, 6:7-30, 11:12-25 ac yn y blaen. At hynny, y mae gan y ddwy stori yr un ergyd yn y bôn, sef pwysigrwydd ffydd, nid yn yr ystyr o gydsyniad y deall ond o hyder yng ngallu Duw ac ymddiried ynddo i gyflawni'r hyn sy'n ymddangos yn gwbl amhosibl.

Daw Iesu yn ôl i Galilea, o bosibl i Gapernaum, os yr un yw'r synagog y mae Jairus yn 'rheolwr' arni a'r synagog yr ymwelodd Iesu â hi ym mhen.1. Roedd rheolwr y synagog yn aelod pwysig o'r sefydliad Iddewig. Fel arfer, roedd yn un o fwrdd o dri oedd yn gyfrifol am weinyddiaeth y synagog a'i gyfrifoldeb arbennig oedd goruchwylio'r addoliad. A'r sefydliad Iddewig at ei gilydd yn wrthwynebus i Iesu, arwydd o'i bryder eithafol yw ymddygiad y rheolwr wrth gyflwyno'i gais i Iesu. Jairus yw ei enw, yn ôl testun y *BCN*, ond efallai fod yr enw wedi dod i mewn i destun Marc o Lc.8:41, gan nad yw'n ymddangos mewn llawer o lawysgrifau o Marc nac yn y testun cyfochrog ym Mth. 9:18. Cais y rheolwr yw i Iesu osod dwylo ar ei blentyn sy'n ddifrifol wael (ym Mathew mae'r plentyn eisoes wedi marw). Dyma'r dull cyffredin o iacháu a bendithio, er nad dyma arfer Iesu, fel rheol.

Ar ei ffordd i dŷ'r rheolwr, dyma wraig (ddi-enw yn ôl Marc, gan nad oedd ei henw o bwys, er bod traddodiad diweddarach yn rhoi'r enw Feronica neu Bernice iddi) oedd yn dioddef o waedlif gweiniol difrifol yn cyffwrdd â Iesu yn y dorf. Y mae ei chyflwr yn anobeithiol ac yn ôl pob golwg y tu hwnt i wellhad (dyna bwynt y cyfeiriad at feddygon; nid yw'r awdur o reidrwydd am daflu sen ar feddygon yn null nodweddiadol hanesion gwyrth y cyfnod). Pwysleisir difrifoldeb ei chyflwr yn y cyfeiriad at gyfnod hir ei dioddefaint (deuddeng mlynedd) hefyd. Yn waeth byth, ystyrid y wraig o achos ei chyflwr yn aflan (gweler Lef. 15: 25-30) a'r tu allan i'r gymuned ffydd. Roedd hi y tu hwnt i gymorth dyn, ond y mae ei ffydd yng ngallu (*dynamis*) Duw yn Iesu mor gryf fel ei bod hi'n credu mai digon yw cyffwrdd yn unig â'i ddillad (fe gredid yn yr hen fyd fod dillad yn estyniad o'r unigolyn a bod cyffwrdd â dillad dyn sanctaidd yn dod â iachâd - cymh. Act. 19:11-12).

Iachawyd y wraig ar unwaith, ond nid heb yn wybod i Iesu, sy'n ei galw hi ato, er bod ei ddisgyblion yn ei ddwrdio am boeni am y fath beth (nid oes sôn am ymateb y disgyblion ym Mathew, tra bod Luc yn lliniaru eu geiriau). Y canlyniad yw fod Iesu'n cymeradwyo ei ffydd ac yn ychwanegu at ei hiachâd corfforol iachawdwriaeth, sef adferiad i gymuned Israel. Fe'i cyferchir yn dyner yn 'Ferch', gyda Iesu'n dweud wrthi am fynd 'mewn heddwch', ymadrodd o'r Ysgrythurau (Barn. 18:6) sy'n dynodi iechyd y person cyflawn yn ogystal â heddwch.

Yn y cyfamser y mae merch y rheolwr wedi marw, ac felly unwaith eto mae Iesu'n wynebu her sy'n ymddangos yn amhosibl. Yn sicr y mae'r rheini o'i gwmpas (fel Mair a Martha yn In.11) o'r farn fod y ferch y tu hwnt i bob gobaith ac y dylai Iesu roi'r gorau i'w ymweliad. Ymateb Iesu yw anwybyddu hyn oll. Y cyfan y mae'n gofyn amdano yw i'r tad ddangos ffydd. Wrth gyrraedd y tŷ dyma'r galarwyr proffesiynol yn eu hwyliau. Unwaith eto mae'n gwrthod derbyn fod cyflwr y ferch y tu hwnt i iachâd, er y gallai ei sylw yn adn.39 adlewyrchu cred yn yr atgyfodiad ar y dydd diwethaf yn hytrach nag unrhyw farn am gyflwr presennol y ferch, gan y defnyddid y gair 'cysgu' yn aml iawn i ddynodi 'marwolaeth' gan Gristnogion ac eraill a gredai mewn atgyfodiad.

Gwatwar Iesu a diffyg coel arno yw ymateb y dorf. Yna mae Iesu'n gofyn am lonydd: nid yw'n cymryd ond y grŵp mewnol o dri disgybl (Cymh. 9:2 a 14:33) gydag ef ynghyd â rhieni'r ferch. Y mae'n cymryd llaw y ferch (ac o ganlyniad yn cyffwrdd â chorff celain oedd yn weithred aflan) ac yn dweud wrthi am ddeffro. Cedwir y geiriau yn yr Aramaeg gwreiddiol, er bod cyfieithiad yn dilyn, fel y ceir mewn mannau eraill, am fod yr awdur yn ymwybodol nad oedd llawer o'i ddarllenwyr yn deall Aramaeg. At hynny, y gred gyffredinol oedd fod grym arbennig yn perthyn i fformiwla iacháu mewn iaith estron. Cymh. Act. 9:36-41. Adferir bywyd y ferch ac fe brofir hyn yn ei hangen am fwyd a'i gallu i gerdded. A hithau'n ddeuddeng mlwydd oed, roedd ar fin cyrraedd llawn oed. Y mae'r gorchymyn i gadw'n dawel, sy'n adlewyrchu'r thema o gyfrinach ym Marc, yn hynod yn yr amgylchiadau.

Pa anawsterau bynnag sydd gennym yn y byd modern â'r stori hon, roedd yn enghraifft o adfer bywyd i un oedd wedi marw yn nhyb Marc. Nid oedd wedi llewygu; roedd yn gorff gelain, a chyflawnodd gallu Duw yn Iesu y weithred amhosibl o adfer bywyd iddi.

6:1-6a Gwrthod Iesu yn Nasareth

Ffydd yw thema'r digwyddiad nesaf hefyd, ond diffyg ffydd y tro hwn. Ni all Iesu gyflawni gwyrth (ac eithrio iacháu un neu ddau) ym mro ei febyd (Nasareth, yn ôl pob golwg. Gweler 1:9), am nad yw ei bobl ei hun yn credu fod ganddo'r gallu i weithredu ar ran Duw. Er gwaethaf pob peth a welsant ac a glywsant (adn.2), sydd wedi gwneud argraff arnynt, yn sicr, a barnu wrth eu cwestiynau, maent yn dal i weld Iesu fel y mae dynion yn ei weld ef (Cymh. 8:33), fel un ohonynt hwy.

Yn ôl eu hadnabyddiaeth hwy ohono, saer y pentref oedd Iesu. Y mae'r gair Groeg am 'saer' yn golygu rhywun sy'n gweithio â charreg a metel yn ogystal â choed; byddai 'adeiladwr' yn nes ati. Gwadodd Origen ac eraill yn yr eglwys fore fod Iesu'n weithiwr caib a rhaw, a'r agwedd hon efallai sy'n gyfrifol am y ffaith fod Mth. 13:55 a rhai llawysgrifau o Marc yn sôn am 'fab y saer'. Dyma'r unig gyfeiriad yn yr efengylau, gyda llaw, at alwedigaeth Iesu. Y mae'r cyfeiriad at Iesu fel 'mab Mair' (ei fam) yn anghyffredin tu hwnt ac yn ffordd o fwrw sarhad ar ddyn yn y gymdeithas Iddewig. Dichon fod y cyfeiriad yn awgrymu fod Iesu'n blentyn siawns. Fel yn 3:31, cyfeirir yma at frodyr Iesu (y tro hwn wrth eu henwau) a'i chwiorydd.

Yn ôl In. 1:11, gwrthodwyd Iesu gan ei bobl ei hun. Achos penbleth i aelodau'r eglwys fore oedd y ffaith fod pobl Duw wedi gwrthod cennad Duw. Pam, felly, y daeth yr honiad fod Iesu'n gweithredu ar ran Duw yn faen tramgwydd i'w bobl ei hun? Barn yr eglwys fore oedd fod hynny'n rhan o ragluniaeth Duw. Gweler Rhuf. 9:33 a chymh. Eseia 8:14-15. Ymateb Iesu ei hun ar yr achlysur hwn yw nodi fod y fath driniaeth yn gyson â thynged arferol y proffwyd ymhlith ei bobl ei hun (adn.4). Symboleiddio'r Israel sydd am wrthod Iesu y mae pobl Nasareth yn yr achos yma. Dylid nodi hefyd fod Iesu trwy ddyfynnu diharebr oedd yn gyffredin iawn ar ryw ffurf neu'i gilydd yn y byd hynafol yn awgrymu ei fod yntau hefyd yn broffwyd. Nid oes sôn am anallu Iesu i gyflawni gwyrth lle nad oes ffydd yn Lc.4 ac y mae fersiwn Mth. 13:53-58 hefyd yn wannach o lawer.

6:6*b*-13 Cenhadaeth y Deuddeg

Cawn fersiynau annibynnol o genhadaeth y deuddeg ym Mth. 10 a Lc. 10. Y mae hynny'n cadarnhau dilysrwydd hanesyddol yr adroddiad yma ym Marc, fel y mae pwyslais cyffredinol Marc fod y disgyblion at ei gilydd yn wan ac yn tueddu i rwystro gwaith Iesu. Ar y llaw arall, gwelir yn adroddiad Marc ôl dylanwad ymarfer cenhadon yr eglwys fore. Er enghraifft, lle gwaherddir ffon a sandalau na fyddai'n angenrheidiol yng ngwlad Palestina ym Mathew a Luc, y mae Marc yn eu caniatáu - hynny yw, y mae fersiwn Marc yn rhagdybied amgylchiadau y tu allan i wlad Palestina.

Rhaid i genhadon fynd ar daith gyda'r baich lleiaf posibl (yn ôl y Mishna, y mae hynny'n hanfodol i'r rheini sydd ar orchwyl sanctaidd), gan fod yr amser yn brin a'r gwaith yn gofyn am sylw yn ddiymdroi. Ni fyddai angen ail grys yng ngwlad Palestina. Y mae'r cenhadon i ddibynnu ar groeso'r gymuned leol (nodir yr un arfer ymhlith yr Eseniaid gan Joseffus) ac wedi'u croesawu i dŷ arbennig ni ddylent chwilio am lety gwell. Fel yr Iddew yn dychwelyd i'r Wlad Sanctaidd, dylent ysgwyd llwch ardaloedd dalaoedd diddu oddi ar eu traed. Arwydd o farn eschatolegol yw'r weithred hon, fel wrth reswm y mae'r rhif deuddeg sy'n cynrychioli deuddeg llwyth Israel. Y mae'r cenhadon i deithio bob yn ddau, naill ai i gynorthwyo ei gilydd neu i gadarnhau tystiolaeth ei gilydd (Deut. 17:6). Cymh. Act. 8:14; 13:1-2.

O safbwynt gweinidogaeth Iesu ei hun, y mae'n comisiynu'r deuddeg yma (gweler 3:14) i rannu'r un weinidogaeth ag ef ei hun. Y maent i fwrw allan gythreuliaid; maent i bregethu, er bod pregethu edifeirwch yn fwy nodweddiadol o Ioan Fedyddiwr (gweler 1:4) nag o Iesu; maent i iacháu, ond yn wahanol i Iesu trwy eneinio ag olew. Cymh. Iago 5:14f, sy'n adlewyrchu arfer yr Iddewon. Roedd olew yn fath ar feddyginiaeth ar y pryd (Cymh. Lc. 10:34), a chan mai gydag olew yr eneinid bren- hinoedd, offeiriaid a phroffwydi, credid fod olew yn gyfrwng gallu gwyrthiol hefyd. Y mae'r deuddeg, felly, i wneud yr un gwaith â Iesu ei hun a dyma'r patrwm ar gyfer gwaith cenhadol yr eglwys fore.

6:14-29 Marwolaeth Ioan Fedyddiwr

Dyma'r unig adran yn yr efengyl nad yw'n ymwneud yn benodol â Iesu, er bod y cyflwyniad yn cychwyn gydag ymateb Herod i Iesu. Swyddogaeth yr adran hon yw llenwi'r bwlch rhwng ymadawiad y deuddeg ar eu canhadaeth a'u dychweliad. Ar yr un pryd mae'n dangos sut y mae tynged Ioan, sy'n cael ei ddienyddio gan wleidydd gwan yn erbyn ei ewyllys, er mwyn plesio eraill, yn rhagfynegi tynged Iesu.

Cyfeiriwyd at garchariad Ioan yn 1:14, ond ni chafwyd unrhyw fanylion amdano. Dyma, felly, yr adroddiad llawn.

Adroddir am garchariad Ioan yng ngwaith Joseffus hefyd (*Hynafiaethau* 18:5.1-2). Adroddiad Marc yw'r cynharach, ond gall fod yn tarddu o fân siarad cyhoeddus, lle mae Joseffus yn ceisio pwyso a mesur arwyddocâd gwleidyddol y digwyddiad. Yn ôl Joseffus, er enghraifft, daliwyd Ioan gan Herod am fod ofn gwrthryfel y bobl arno.

Carcharwyd Ioan ym Machaerus, ar lannau'r Môr Marw. Teitl swyddogol Herod Antipas, mab Herod Fawr, oedd tetrarch (fel y dywed Mathew a Luc), nid brenin; roedd yn rheolwr Galilea a Perea o 4 C.C. hyd O.C. 39, pan gafodd ei ddisodli am fynnu bod yn frenin. I bob pwrpas roedd Herod yn rheoli fel asiant dan nawdd Rhufain. Merch Aristobulus, hanner brawd Antipas, oedd Herodias. Roedd hi ar un adeg yn briod â hanner brawd arall o'r enw Herod, nid Philip; gŵr Salome, merch Herodias, oedd Philip. Gellir maddau i Marc am y dryswch gan fod llosgach teulu Herod yn ddiharebol.

Ni ddaeth Iesu'n adnabyddus tan ar ôl marwolaeth Ioan. Ym marn y cyhoedd, roedd Iesu'n broffwyd, Ioan Fedyddiwr wedi'i gyfodi o'r meirw, efallai. Cymh. 8:28. Pan adroddwyd hyn i Antipas, penderfynodd fod Ioan mewn gwirionedd wedi dychwelyd a chyda mwy o rym, gan nad oedd Ioan yn ystod ei weinidogaeth flaenorol wedi cyflawni gwyrthiau.

Dyma'r cyfle i Marc gyflwyno adroddiad am ddienyddio Ioan, sy'n dangos dylanwad stori Ahab, Jesebel ac Elias yn 1 Bren. 16-21 yn ogystal â stori Esther, ac yn arbennig Esther 5:3f. Y mae Ioan yn condemnio priodas Antipas a Herodias, sy'n groes i Lef. 18:16; 20:21, gan nad oedd gan wraig hawl i ysgaru ei gŵr yn ôl y Torah. Dichon fod Herodias wedi manteisio ar ryddid y gyfraith Rufeinig i sicrhau ysgariad. Nid yw'n syndod fod agwedd Ioan at eu priodas wedi gwylltio'r tetrarch a'i wraig. Carcharwyd ef, er bod Antipas yn cydnabod fod Ioan yn ddyn da (Cymh. agwedd Pilat at Iesu) a'i fod yn cael ei ansefydlogi ganddo. Yn ôl rhai llawysgrifau (troednodyn y *BCN*), roedd Herod yn cwrdd â Ioan yn gyson.

Daeth pethau i'r pen adeg gwledd i ddathlu penblwydd Herod yn Tiberias, prif ddinas Galilea. Prin y gellir rhoi coel ar yr hanes am dywysoges yn dawnsio yn gyhoeddus, er nad oedd confensiwn yn golygu llawer i deulu Herod. Salome, efallai, oedd y dywysoges, ond gallai hi fod yn ferch i Antipas a Herodias (gweler troednodyn y *BCN* am dystiolaeth y llawysgrifau). Yn ei feddwdod y mae Herod yn gwneud addewid hynod o ffôl (eiddo Rhufain oedd ei deyrnas, a felly nid oedd ganddo hawl i'w chynnig i neb). Dyma'r cyfle i Herodias gael gwared â Ioan trwy fynnu ei ben ar ddysgl. A Herod yn rhy wan i wrthod, dienyddiwyd Ioan.

Fel yn achos Iesu (15:45-46), claddwyd corff Ioan gan ei ddisgyblion, er mai dyma ddiwedd y cyfochredd, gan na atgyfodwyd Ioan oddi wrth y meirw ac nid Ioan wedi'i gyfodi oedd Iesu, er gwaethaf barn y cyhoedd, ond cymeriad pwysicach o lawer (gweler 8:27-33).

6:30-44 Porthi'r Pum Mil

Wedi iddynt ddychwelyd rhoddwyd yr enw 'apostolion' ar y deuddeg. Dyma'r unig dro i Farc ddefnyddio'r term hwn (gweler 3:14). Cyfetyb y term i'r gair Hebraeg *shaliach*; mae'n dynodi asiant neu gynrychiolydd sy'n hawlio'r un awdurdod â'r sawl sy'n ei gomisiynu. Y mae *shaliach* dyn fel y dyn ei hun. Wedi hynny, y mae Iesu a'i ddilynwyr yn ceisio dianc i le unig i osgoi pwysau'r dorf (Cymh. 3:20).

Y lle unig yw'r 'anialwch' (yr un gair yn y Groeg) a dyma'r olygfa ar gyfer y gyntaf o ddwy wyrth natur, yr unig ddwy wyrth sy'n ymddangos ym mhob un o'r efengylau, gan gynnwys Ioan, ac yn yr un berthynas agos â'i gilydd. Yn wir, mae'n ymddangos fod Marc yn gyfarwydd â dau fersiwn annibynnol o'r un traddodiad a bod efengyl Ioan yn seiliedig ar fersiwn arall eto. Ym Marc 6-8 cawn y cyfochredd a ganlyn: porthi gwyrthiol (6:32-44, 8:1-10); taith ar draws y llyn (6:45-52, 8:11-21); dadl â'r Phariseaid (7:1-13, 8:11-13); trafodaeth ar fara (7:27-29, 8:14-21);

adfer golwg/clyw (7:31-37, 8:22-26). Cawn y tri cyntaf yn Ioan 6 hefyd. At hynny, daw'r cyfan i ben gyda chyffes Pedr yn y ddwy efengyl, fel ei gilydd (Mc. 8:27-33, In. 6:66-71).

I ddeall ystyr llawn y stori, rhaid sylwi ar ddylanwad rhai themâu o'r Ysgrythurau Hebraeg. Yn gyntaf, cyflawnodd Eliseus wyrth debyg, yn ôl 2 Bren. 4:42-44. Yn ail, ac yn bwysicach (i efengyl Ioan o leiaf), yw'r traddodiad fod Duw wedi darparu *manna* (= bara) i'r Israeliaid yn yr anialwch adeg Moses (gweler Ex. 16, Num. 11). Yn drydydd, bu'r proffwydi (er enghraifft, Eseia 55; 65) yn sôn am wledd 'Feseianaidd' ar ddiwedd amser. Credai'r Cristnogion cynnar fod yr Ewcharist yn achub y blaen ar y wledd hon; nid yw'n syndod, felly, fod nifer o fanylion yn gyffredin i'r stori hon a hanes y Swper Olaf yn 14:22-25.

Wedi dweud hyn oll, nid oes amheuaeth nad oedd Marc (a'r efengylwyr eraill) yn credu fod yr hyn a ddigwyddodd yn wyrth, gydag ychydig o dorthau a dau bysgodyn yn porthi rhyw 5000 o bobl. Camddeall arwyddocâd yr hanes y mae'r rheini sy'n cynnig esboniad rhesymegol ohono - er enghraifft, honni fod yr hanes yn gorddweud nifer y bobl oedd yno neu fod y pryd yn bryd symbolaidd neu fod esiampl y disgyblion wedi codi cywilydd ar bawb arall a'u gorfodi i rannu eu brechdanau; nid yw'r esboniadau hyn fawr o gymorth i ni. Prif ergyd y stori yw fod gallu Iesu yn rhagori ar eiddo Moses a bod Iesu'n fugail go iawn i'w braidd (gweler adn.34).

Nid oes modd dweud ym mhle yn union y digwyddodd hyn. Ymddengys fod y lleoliad ar lan orllewinol y llyn (gwrthgyferbyner Luc). Ni allai Iesu a'i gyfeillion fod wedi hwylio ymhell a mae'n rhaid eu bod wedi aros o fewn golwg y tir os llwyddodd y torfeydd, a hwythau'n cerdded, i gyrraedd y lle o'u blaenau. Y mae Iesu'n tosturio wrth y dorf ddiarweinydd. Fel Esec. 34, y mae geiriau Iesu'n feirniadaeth ar arweinwyr y grefydd Iddewig. Ei fwriad, felly, yw dysgu'r dorf a bod yn arweinydd (bugail) iddynt.

Bu Iesu'n dal i ddysgu tan yr hwyr, ac o'r herwydd dyma broblem yn codi: sut y gall torf mor fawr gael eu bwydo? Ymateb digon cwta a geir gan y disgyblion wedi i Iesu awgrymu fod bwydo'r dorf yn gyfrifoldeb arnynt hwy. Eu hymateb cyntaf yw dweud fod yn rhaid cael gwared â'r dorf gan y byddai'n costio ffortiwn i'w bwydo. Cyflog diwrnod gwaith llawn oedd *denarius* (y darn arian Rhufeinig oedd yn cyfateb i *shekel*. Gweler Mth. 20:2). Y cyfan sydd ganddynt yw pum torth (roedd y dorth yn wastad, tua wyth fodfedd o led a rhyw fodfedd o drwch. Fe'i cynhyrchid o flawd gwenith neu, yn rhatach, o flawd ceirch. Cymh. In. 6:9.) a dau bysgodyn (symbol poblogaidd ymhlith Cristnogion yn ddiweddarach, yn enwedig mewn perthynas â'r Ewcharist).

Yna y mae Iesu'n cymryd yr awenau. Gorfodir y bobl i eistedd mewn trefn (fel llysiau yn yr ardd) ar y glaswellt, adlais efallai o'r disgwyliad y byddai'r anialwch yn blodeuo ar ddiwedd amser. Yn ôl eraill, y mae'r glaswellt yn arwyddo'r gwanwyn (adeg y Pasg). Rhyw fath o ymarfer milwrol yw hyn oll, ym marn rhai esbonwyr, sy'n awgrymu fod criw o wrthryfelwyr wedi ymgasglu yn yr anialwch yn barod i ddilyn yn ôl traed Iesu. Ond mae'n debycach fod y cyfeiriad yn atseinio'r hanes am Moses yn casglu lluoedd Israel yn yr anialwch (Ex. 18:21). Wrth edrych i fyny tua'r nef y mae Iesu'n ymagweddu yn null gweddïo'r Iddew. Y mae'n gofyn bendith (= diolch i Dduw) cyn torri'r bara a'i ddosbarthu trwy ei ddisgyblion, sy'n cymryd arnynt swyddogaeth y diaconiaid. Nid oes le i amau nad yw'r gweithredoedd hyn· yn ewcharistaidd, er iddynt gyfateb i weithredoedd arferol y penteulu wrth lywyddu ar bryd Iddewig. Cadarnheir fod hwn yn bryd bwyd go iawn gan adn. 42. Fel yn achos Eliseus (2 Bren. 4:42-44), roedd digon a mwy dros ben ac fe gasglwyd y gweddillion i mewn i ddeuddeg basged, un i bob llwyth, sy'n pwysleisio unwaith eto arwyddocâd eschatolegol y wyrth.

Yn olaf, dylid nodi parthed y rhif fod Marc yn defnyddio'r

gair am wŷr (andres). Gall Mathew, felly, fod yn dehongli ei fwriad yn gywir trwy ddweud nad oedd y rhif yn cynnwys merched a phlant. Efallai fod hynny hefyd yn cefnogi'r ddadl fod byddin o ryw fath wedi ymgasglu yn yr anialwch.

6:45-52 Cerdded ar y Dŵr

Dyma'r hanes gwyrth rhyfeddaf yn nhraddodiad yr efengyl. Ac eithrio'r ffigysbren, ac yn wahanol i weithredoedd iacháu a bwrw allan gythreuliaid, nid oes neb yn elwa ar y weithred. Yn wir, mae'n debycach i ymddangosiad yr Iesu atgyfodedig na hanes gwyrth. Dylid ei ystyried, mae'n debyg, yn epiffani (ymddatguddiad dwyfol) yn hytrach na gwyrth, er bod fersiwn presennol yr hanes yn cynnwys elfennau o hanes 'dihangfa' o storm ar y môr, fel a geir yn 4:35-41.

I ddeall pwynt y stori, fel yr amlygir gan adn. 52, rhaid derbyn fod cysylltiad uniongyrchol rhyngddi a'r porthi gwyrthiol. Gwelwyd yno ddylanwad y traddodiad am y *manna* adeg yr Ecsodus, ac yn yr un modd yma fe ddatguddir fod gan Iesu'r fath rym dros y môr nad oedd yn perthyn i neb ond Duw, fel y gwelwyd yn y weithred o hollti'r Môr Coch. Cymh. Salm 78:13-25, Job 9:8, Eseia 43:16. Y mae Iesu yn Dduw ac yn wir mae'n hawlio enw Duw pan ddywed 'Myfi yw'. Gweler Ex. 3:14 a chymh. y defnydd o'r ymadrodd yn efengyl Ioan.

Nid oes fawr o bwynt poeni ynghylch dyddiad na lleoliad y 'digwyddiad'. Y mae'r disgyblion ar eu ffordd i Bethsaida ar lan ogledd-ddwyrain y llyn, ond yn glanio yn y pen draw yng Ngenesaret, i'r de o Gapernaum ar y lan orllewinol. Yn sicr, nid yw'r awdur yn arbenigwr ar ddaearyddiaeth! Fel ar adegau eraill o argyfwng, y mae Iesu'n mynnu gweddïo ar ei ben ei hun, fel Moses ar Fynydd Sinai. Cymh. Ex. 34:29ff. Yn ystod y bedwaredd wyliadwriaeth (yn ôl cyfrif y Rhufeiniaid, gan na rennid y noson ond yn dair gan yr Iddewon) - hynny yw, rhwng tri o'r gloch y bore a'r wawr (6 o'r gloch y bore) dyma Iesu'n cerdded ar y dŵr. Ofer pob ymdrech i resymoli'r peth - er enghraifft, trwy honni fod Iesu'n cerdded yn y dŵr yn ymyl y llyn - wedi'r cyfan y mae'r cwch ar ganol y llyn. Cadarnheir fod hwn yn 'epiffani' yn hytrach nag yn ddihangfa yn y ffaith fod Iesu'n bwriadu, fel yr ymddengys, cerdded heibio i'r cwch. Ymateb naturiol i ymddatguddiad dwyfol hefyd yw ofn y disgyblion. Cymh. Ex. 33:18ff, 1 Bren. 19:11ff. Gwaeth fyth, ac yn anhygoel o dan yr amgylchiadau, yw diffyg deall parhaol y disgyblion. Fel y Phariseaid (3:6), cauwyd eu meddyliau (gan ragluniaeth Duw, o bosibl).

Cred gyffredinol ymhlith y Groegiaid oedd bod goruwch-ddynion a chythreuliaid yn medru cerdded ar y môr, ond nid yw hynny'n berthnasol i ddehongli'r stori hon, am y seilir y cynnwys ar brofiad Israel o Dduw ar waith yn yr Ecsodus.

6:53-56 Iacháu'r Cleifion yn Genesaret

Yn ôl ei arfer (Cymh. 1:32-34, 3:7-12) dyma'r awdur yn crynhoi'r hanes hyd yma. Fe'i seilir ar hanesion gwyrth blaenorol, yn enwedig 2:3f a 5:28. Y mae Lc. 5:1 yn galw'r llyn ei hun yn 'Genesaret', ond mewn gwirionedd roedd Genesaret yn wastadle cynhyrchiol ychydig i'r de o Gapernaum. Fel y nod-wyd eisoes, ni ellir dibynnu ar wybodaeth ddaearyddol Marc. Y mae'r cleifion yn ceisio cyffwrdd ag ymyl gwisg Iesu, hwyrach y tasel glas a wisgid gan yr Iddew mewn ufudd-dod i'r Torah (Num. 15:38f); ymddengys, felly, fod Iesu'n ufuddhau i'r gorchymyn hwn o leiaf. Pwyslais y crynodeb yw fod ei allu i iacháu wedi denu llawer o'r werin bobl i ddilyn Iesu.

7:1-23 Traddodiad yr Hynafiaid

Cawn yma adran bellach o ddysgeidiaeth, sydd ar ffurf bur debyg i ben.4, yr adran gynharach o ddysgeidiaeth, yn yr ystyr fod Iesu'n dweud wrth y dorf am wrando ac yn esbonio ystyr ei ddysgeidiaeth i'w ddisgyblion yn ddiweddarach. Y cyd-destun yw dadl rhwng Iesu a'r Phariseaid a'r ysgrifenyddion o

Jerwsalem, canolfan y gwrthwynebiad i Iesu. Asgwrn y gynnen yw ymddygiad dilynwyr Iesu, sy'n cynrychioli'r gymuned Gristnogol, yn ôl pob tebyg. Yn wir, ymddengys fod llawer o'r deunydd yn yr adran hon wedi'i gyfansoddi gyda golwg ar yr eglwys fore ymhlith y Cenhedloedd yn hytrach nag ar weinidogaeth Iesu hanes, hyd yn oed os yw'r dywediadau yn tarddu oddi wrth Iesu ei hun- er enghraifft, adn. 15. Cysylltir y dywediadau oedd yn annibynnol ar ei gilydd yn wreiddiol gyda geiriau megis 'meddai' yn adn. 6, 9, 18 a 20. Y mae llaw olygyddol Marc yn amlwg iawn yn yr adran hon, gan mai Cristnogion sy'n dadlau ag Iddewon (dyma'r unig ymddangosiad o'r term 'Iddewon' y tu allan i hanes dioddefaint Iesu, ac yn y cyswllt hwn mae'n adlewyrchu persbectif y Cenhedloedd) yn hytrach na Iesu'n dadlau â Phariseaid.

Dau bwnc llosg sydd wrth wraidd y ddadl yn rhan gyntaf yr adran, sef (1) bwyta heb olchi dwylo'n gyntaf a (2) y traddodiad llafar (a gasglwyd yn y Mishna yn ddiweddarach) yn gyffredinol. Fel y dywed Marc (adn. 3-4), roedd y gorchymyn i olchi dwylo cyn pryd o fwyd yn rhan o'r traddodiad llafar. Yn wir, mae'n amheus a oedd hi'n arfer gyffredinol gan yr Iddewon yn nyddiau Iesu. Ychwanegodd Marc y sylw yma ar gyfer ei ddarllenwyr o Genedl-ddynion ac wrth wneud mae'n cyffredinoli heb fawr o dystiolaeth hanesyddol. Y mae'r ddadl, fodd bynnag, yn arwain at ymosodiad ar ddibyniaeth y Phariseaid ar draddodiad llafar y Gyfraith. Roedd y Sadwceaid, gyda llaw, yn gwrthod derbyn y traddodiad llafar oedd yn wreiddiol yn ymgais i hybu cadw'r Gyfraith. Nid yw'r ymosodiad ar y Phariseaid, sy'n seiliedig ar Eseia 29:13 (yn y fersiwn Groeg, sydd eto'n awgrymu nad yw'r ddadl i'w holrhain i Iesu ei hun), yn deg o gwbl. Fe'u cyhuddir o osod y traddodiad llafar yn uwch na'r Torah ac ni ellir cyfiawnhau'r fath gyhuddiad.

Roedd gofyn i bobl olchi dwylo cyn bwyta yn ddatblygiad ar yr adran o'r Torah, sy'n ymwneud â bwyd cysegredig. Fe'i seiliwyd ar Lef. 11-15, fel y defodau parthed glanhau llestri, gan gynnwys gwely. Ystyr yr ymadrodd tywyll yn y Groeg a gyfieithir 'â'r dwrn' yw naill ai 'hyd yr arddwrn' (fel yn y *BCN*) neu 'llond dwrn' o ddŵr - hynny yw, digon o ddŵr i gwrdd â gofynion y Gyfraith heb ei wastraffu, a dŵr mor brin yn y dwyrain. Ymgais eilradd amlwg yw'r darlleniad 'yn fynych' mewn rhai llawysgrifau i roi ystyr mwy cyffredin i'r ymadrodd.

Yn dilyn y feirniadaeth ar y Phariseaid am grefyddoldeb arwynebol a rhagrithiol wedi'i seilio ar draddodiad dynol, cawn feirniadaeth llai teg fyth. Cytunai'r Phariseaid â Iesu (Marc?) na allai dyn ddefnyddio 'Corban', a esbonnir eto ar gyfer darllenwyr o blith y Cenedl-ddynion, i gyfiawnhau esgeuluso un o ddyletswyddau canolog y Gyfraith (gweler Ex. 20:12 a 21:17 a ddyfynnir yma), sef gofalu am rieni. Hwyrach fod y cyhuddiad yn cyfeirio at ymgais adnabyddus i wneud hyn, ond byddai'r rabiniaid wedi'i chondemnio. Roedd Corban yn fodd i gysegru rhywbeth i Dduw naill ai trwy ei roi i Dduw neu drwy addo gwneud a chadw'r peth at ddefnydd personol! Roedd y Phariseaid yn annog pobl i fabwysiadu Corban, ond nid ar draul anwybyddu dyletswydd sanctaidd a orchmynwyd gan y Gyfraith.

Y dorf sy'n cael sylw nesaf, ac am unwaith Iesu sy'n galw'r dorf (adn. 14). Fel arfer, y dorf sy'n chwilio am Iesu. Mae'n adrodd yr hyn a elwir yn ddameg wrthynt, a'r ergyd yw mai'r hyn a ddaw allan o'r tu mewn sy'n gwneud dyn yn aflan. Wrth esbonio'r ddameg i'w ddisgyblion o'r neilltu, mae'n cysylltu hyn â phurdeb moesol, gyda'r math o restr o ffaeleddau oedd yn gyffredin yn llên y Groegiaid. Ceir rhestrau tebyg mewn mannau eraill yn y TN hefyd - er enghraifft, Rhuf. 1:29-31, Gal. 5:19-21. At hynny, esbonnir ymhellach fod Iesu wrth ddweud hyn yn datgan fod pob bwyd yn lân. Byddai hynny'n ymsodiad uniongyrchol ar y cyfreithiau bwyd ac felly ar y Torah (Lef. 11-15). Pe bai hynny'n fwriad gan Iesu, mae'n anodd esbonio'r ddadl ddiweddarach ymhlith Cristnogion am y cyfreithiau bwyd - er enghraifft, yn Gal. 2. Dichon, felly, fod y dehongliad yma o eiriau Iesu i'w briodoli i'r eglwys fore. Cymharer dehongliad yr eglwys fore o ddameg yr heuwr yn 4:13-20. Nid oedd Cristnogion o Genedl-ddynion yn cadw'r cyfreithiau bwyd ac fe'u hanogwyd gan Paul ac eraill i beidio â gwneud. Anodd yw penderfynu a oedd Iesu o'r un farn ai peidio. Fel gyda'i agwedd at y Saboth, y mae gennym ddau ddewis. Yr oedd Iesu naill ai'n ddiwygiwr oedd am adfer lle priodol y Torah neu'n chwyldroadwr oedd am gael gwared â'r Torah, gan nad oedd y Torah bellach yn berthnasol i'r rheini oedd mewn perthynas newydd â Duw. Hwyrach mai'r olaf sydd fwyaf tebygol o ystyried fod Cristnogaeth wedi dod yn grefydd newydd, ond gwyddom hefyd na ddaeth y rhwyg terfynol rhwng Cristion ac Iddew am ddegawdau wedi amser Iesu hanes.

7:24-30 Ffydd y Wraig o Syroffenicia

A'i weinidogaeth i Galilea fwy neu lai drosodd y mae Iesu'n symud i diriogaeth y Cenedl-ddynion. Yn ôl rhai, ffrwyth cenhadaeth i'r Cenedl-ddynion yw'r wyrth hon a'r ddwy sy'n dilyn, ond mae'n amheus a yw'r rhain yn 'genhadaeth' fel y cyfryw. Yr hyn sy'n sicr, fodd bynnag, yw fod y wraig y mae Iesu, yn y diwedd, yn bwrw ysbryd aflan allan o'i merch yn Genedl-wraig. Yn wir, dyma brif ergyd y stori a dyna paham y pwysleisir ei chenedl, er nad oes sôn am ei henw. Fel y rhan fwyaf o'r rheini sy'n cyfarfod â Iesu y mae'n ddienw.

Hwyrach fod yna gysylltiad rhwng yr hanes hwn a'r drafodaeth flaenorol am burdeb, gan yr ystyrid merched o blith y Cenhedloedd yn amhur wrth natur. A Iesu wedi symud i'r gogledd (i Tyrus) mae'n ceisio llonydd, ond yn ofer. Fel Jairus (5:22), mae'r wraig yn ymgrymu gerbron Iesu. Y mae hi ar ben ei thennyn. Fe'i disgrifir fel Groeges (= Cenedl-wraig) yn ogystal â Ffeniciad o Syria (o'i gwrthgyferbynnu â Ffeniciad o Libya); y mae'n enedigol, felly, o'r ardal.

Ei gwrthod yn ddidrugaredd braidd y mae Iesu, gan gyfeirio

mewn datganiad ar ffurf dameg at y Cenhedloedd fel cŵn, ffordd yr Iddewon o fwrw sen ar y Cenhedloedd. Y mae'r ffordd anghwrtais y mae Iesu'n trin y wraig yn cadarnhau dilysrwydd hanesyddol y digwyddiad; o'r braidd y byddai'r Cristnogion cynnar wedi dyfeisio hanes o'r fath. Adlewyrchir dyfalbarhâd y wraig a'i gostyngeiddrwydd yn ei hymateb. Fel Cenedl-wraig mae'n cyfarch Iesu yn 'Syr' (Kyrie). Dyma'r unig dro ym Marc lle y cyferchir Iesu fel hyn. Y mae hi hefyd yn derbyn blaenoriaeth Israel (Cymh. Rhuf. 1:16) a hyd yn oed y statws o 'gi'. Er hynny, y mae'r ymateb yn codi cywilydd ar Iesu ac mae'n caniatáu ei chais. Fe iacheir ei merch o bell. Er i Iesu iacháu merch y Genedl-wraig, mae'n arwyddocaol nad yw'n barod i ymweld â'i chartref, dim mwy nag yn achos y canwriad Rhufeinig (Cenedl-ddyn arall) pan iachaodd ei was (Mth. 8:5-13 = Lc. 7:1-10). Er gwaethaf ymateb amharod Iesu, byddai'r hanes yn gysur i ddarllenwyr Marc, a hwythau, at ei gilydd, yn Genedl-ddynion, oherwydd y mae'n profi fod un o'r Cenhedloedd yn abl i ddangos ffydd yng ngallu Iesu i iacháu.

7:31-37 Iacháu Dyn Mud a Byddar

Daw Iesu yn ei ôl i'r Decapolis (Cymh. 5:20) ar hyd ffordd ryfedd, a dweud y lleiaf, gan symud i'r gogledd i Sidon cyn troi am y de-ddwyrain. Dyma brawf pellach nad oedd Marc yn gyfarwydd â daearyddiaeth y gogledd. Efallai nad yw Marc ond yn rhestru holl ardaloedd y Cenhedloedd o gwmpas Galilea i bwysleisio fod iachawdwriaeth yn agored i'r Cenhedloedd.

Nid oes unrhyw gyfeiriad at genedl y dyn mud a byddar a ddygir gerbron Iesu gan ei gyfeillion gyda chais am iachâd. Gair prin yw'r gair am 'fud a byddar', gair nad yw'n ymddangos ond mewn un lle arall (Eseia 35:6) yn y Beibl Groeg. Rhagwelai Eseia sut y byddai cennad Duw (y Meseia) yn gwneud i'r byddar glywed a'r mud lefaru. Cyflawnir y broffwydoliaeth hon yma, fel y pwysleisir yn yr adnod olaf (adn. 37), sy'n adleisio Eseia.

Y cais yw i Iesu osod ei ddwylo ar y dyn, ymadrodd sy'n

golygu ei 'iacháu'. Y mae'n cymryd y dyn o'r neilltu. Cymh. 4:33f, 5:37, 6:31f, 8:23. Efallai bod y weithred hon yn gysylltiedig â'r gorchymyn i gadw'n ddistaw. Yna mae Iesu'n defnyddio amryw o ddulliau corfforol oedd yn gyffredin ymhlith iachawyr eraill ar y pryd, ond yn anghyffredin iawn yn achos Iesu. Yr unig enghraifft arall ym Marc yw iacháu'r dyn dall ym Methsaida yn y bennod nesaf (8:22-26), sy'n iachâd symbolaidd cyfochrog â'r hanes presennol. Diddorol yw nodi nad yw Mathew a Luc yn sôn am Iesu'n defnyddio dulliau corfforol ansoffistigedig i gyflawni iachâd. Y mae Aramaeg gwreiddiol geiriau iacháu Iesu wedi goroesi eto (Cymh. 5:41) gyda chyfieithiad o'r Aramaeg eto ar gyfer darllenwyr o Genedl-ddynion, efallai am y credid fod gan eiriau iaith estron rym hudol.

Iachawyd y dyn ar unwaith ac y mae'r disgrifiad o'r wyrth yn debyg i fwrw allan gythraul, hwyrach am y credid mai grym cythreulig sydd wedi rhwymo tafod y dyn. Eilradd, mae'n debyg, yw'r gorchymyn i gadw'n ddistaw. Y dorf neu'r cyfeillion sy'n derbyn y gorchymyn yn hytrach na'r dyn ei hun. Fel ar adegau eraill, ofer yw geiriau Iesu. Yn wir, ymddengys fod pobl yn 'pregethu' amdano, gan y defnyddir y gair technegol am bregethu.

8:1-10   Porthi'r Pedair Mil

Dyma'r ail adroddiad am borthi gwyrthiol (Cymh. 6:30-44). Dau adroddiad sydd ym Mathew hefyd, ond un yr un yn unig yn Luc ac Ioan. Yr un traddodiad sydd y tu ôl i'r chwe fersiwn ac y mae'r ffaith fod cymaint o fersiynau ohono yn dangos y gwerth a osodwyd arno yn yr eglwys fore, mae'n debyg ar gyfrif ei berthynas â'r Ewcharist. Barn Marc, fodd bynnag, oedd fod y rhain yn ddau ddigwyddiad gwahanol, os yn debyg i'w gilydd. Eto i gyd, teg yw gofyn paham y mae Marc yn cynnwys ail adroddiad, sy'n ailadrodd, fwy neu lai, fyrdwn yr adroddiad cyntaf.

Nid oes amheuaeth nad oedd y stori hon o arwyddocâd

arbennig i Marc ac yn enwedig yng nghyswllt ei bortread o'r disgyblion a'u methiant i ddeall gwir natur Iesu. Gweler 6:52 ac 8:17-21. Awgrym pellach yw fod y fersiwn yma o'r stori wedi'i anelu at y Cenhedloedd ac yn cyfateb, felly, i'r fersiwn Iddewig o'r stori ym mhen.6. Pwysleisir gan y rheini sy'n dadlau fel hyn symbolaeth y rhifau (pump = pum llyfr y Torah, deuddeg = y deuddeg llwyth yn y fersiwn cyntaf, tra bod saith yn yr ail yn cyfateb i'r saith deg o genhedloedd a'r saith diacon). At hynny, dynodi basged Iddewig y mae'r gair *kophinos* yn y fersiwn Iddewig, tra bod *spyris* yn y fersiwn hwn yn dynodi basged ym myd y Cenhedloedd. Dehongliad deniadol yw hwn, mae'n rhaid cyfaddef, a mae'n gyson â chyd-destun y naill fersiwn a'r llall, ond ni ellir ei brofi a hwyrach fod y cyfan yn orddibynnol ar ddychymyg.

Y mae'r ail fersiwn yn fyrrach na'r cyntaf. Ni chyfeirir at amser penodol, er mai'r anialwch (adn.4) yw'r lleoliad unwaith eto. Y mae Iesu'n tosturio wrth y dorf am nad oes ganddynt fwyd - pwysleisir eu chwant bwyd difrifol - yn hytrach nag oherwydd eu bod yn ddiarweiniad, a Iesu y tro hwn yn hytrach na'i ddisgyblion sy'n codi'r broblem o fwydo'r bobl. Nid yw'n hawdd esbonio methiant y disgyblion i gofio'r wyrth flaenorol a'u hymateb amheugar.

Yr un yw gweithredoedd yr Ewcharist ag yn 1 Cor. 11:23-24 ac yn debyg i'r fersiwn cynharach, er bod Iesu'n bendithio'r pysgod (ôl-nodyn braidd) ar wahân. Yr un yw ystyr 'diolch' a 'bendithio' yn y bôn, sef bendithio/diolch i Dduw am roddion y greadigaeth. Fel gynt, diwellir y dorf, sy'n awgrymu pryd go iawn, gyda digonedd yn weddill.

Lle gynt nad oedd y nifer a borthwyd yn cynnwys ond gwrywod, nid oes unrhyw awgrym o'r fath yma. Yn olaf, y mae pen taith Iesu a'i ddisgyblion, Dalmanwtha, yn anhysbys. Magadan yw'r enw yn Mth. 15:39, fel a geir mewn rhai llawysgrifau ym Marc. Yn ôl eraill, Magdala oedd enw'r lle.

8:11-13 Ceisio Arwydd

Neges yr adroddiad byr yma yw dallineb arweinwyr y grefydd Iddewig a gynrychiolir yma, ac yn fynych mewn mannau eraill, gan y Phariseaid, a oedd yn wrthwynebwyr digyfaddawd i'r gymuned Gristnogol yng nghyfnod yr efengylydd. Y mae'r Phariseaid yn gofyn am 'arwydd' - hynny yw, gwyrth i brofi fod Duw ar waith yn Iesu. Defnyddir y gair 'arwydd' yn yr un ystyr yn efengyl Ioan, ond gair arferol Marc yw *dynamis* 'gweithred nerthol'. Roedd modd cadarnhau statws proffwyd ar sail arwydd o'r fath. Yr eironi yw fod Iesu newydd roi arwydd, ond nid oedd y disgyblion na'r Phariseaid yn ei adnabod.

Thema gyson yn yr Ysgrythurau Hebraeg yw'r cais am 'arwydd' (Cymh. Salm 95:9-10, Ex. 17:2), ond gwrthodir y cais bob amser; felly hefyd cenhedlaeth Iesu. Y mae'r genhedlaeth honno'n ceisio arwydd, ond fel cenhedlaeth yr anialwch yn methu deall. Y mae'r naill genhedlaeth a'r llall yn ceisio rhoi prawf ar Dduw. I Marc y mae'r damhegion a'r gwyrthiau, fel ei gilydd, yn datguddio nerth Duw yn Iesu, ond roedd ei gyfoeswyr yn methu derbyn tystiolaeth eu clustiau a'u llygaid.

8:14-21 Surdoes y Phariseaid a Herod

Pwysleisir eto ddiffyg deall y disgyblion sy'n hollol amlwg yma. Ceir pwyslais hefyd ar y ffaith fod y gwyrthiau, ac yn yr achos yma y gwyrthiau porthi, yn gyfrwng datguddiad. Yn anffodus, nid yw'r disgyblion, mwy na'r Phariseaid, yn gallu gweld eu harwyddocâd. Yn y stori sy'n dilyn ac yng Nghesarea Philipi, fe oleuir eu dallineb i ryw raddau, ond parhau'n hanner dall y maent tan ar ôl yr atgyfodiad.

Ym mhob un o'r teithiau ar y llyn (4:35-41, 6:45-52 ac yma) fe danlinellir diffyg ffydd a deall y disgyblion. Yma fe'i cysylltir yn uniongyrchol â phorthi'r miloedd a hwyrach mai dyma sy'n gyfrifol am y sylw agoriadol nad oes ganddynt fara. Pryderu y mae'r disgyblion am fara cyffredin, gan fethu sylweddoli fod bara'r bywyd ar gael iddynt.

Efallai fod y dywediad am surdoes, sy'n ymddangos mewn cyd-destun gwahanol yn Lc. 12:1, yn ychwanegiad diweddar i'r stori hon gan y byddai'n rhedeg yn llyfnach hebddo. Cynrychioli drygioni y mae surdoes, ffynhonnell llygredd a diffyg sancteiddrwydd. Yma mae'n cynrychioli gwrthod adnabod y gwir. Y mae'r cyfeiriad at Herod yn rhyfedd. At yr Herodianiaid y cyfeirir yn ôl rhai llawysgrifau, a rhaid cyfaddef y byddai'r darlleniad hwnnw'n gwneud mwy o synnwyr. Cymh. 3:6, 12:13.

Ceir dryswch yn adn.16 hefyd, fel y gwelir yn y gwahanol lawysgrifau. Dilyn Eseia 6:9-10 (Cymh. Jer. 5:21, Esec. 12:2) a adleisir yma, fel yn 4:12, y mae'r ddadl. Gall y gwir fod yn hollol amlwg o'ch blaen, a chwithau'n gwbl ddall iddo. Y mae Iesu wedyn yn atgoffa'r disgyblion am fanylion y ddwy wyrth porthi ac ymddengys nad yw'n dirnad eu diffyg deall parhaol hwythau. Y mae'r sylw yma yn gyflwyniad naturiol i'r digwyddiad nesaf, lle'r adferir golwg (= dealltwriaeth ffydd) y dyn dall yn raddol.

8:22-26   Iacháu Dyn Dall yn Bethsaida

Fel hanes iachâd y dyn mud a byddar (7:32-37), nid yw'r stori hon yn ymddangos ym Mathew na Luc, er bod rhyw debygrwydd rhyngddi a hanes y dyn a anwyd yn ddall yn In.9. Hwyrach nad oedd y dulliau corfforol cyntefig a ddefnyddiwyd yn y naill achos a'r llall wrth fodd Mathew a Luc. Y mae gan y ddau adroddiad lawer yn gyffredin, gan gynnwys yr eirfa hyd yn oed, yn gymaint felly fel yr awgrymir mai dau fersiwn gwahanol o'r un stori sydd gennym. Nid yw hynny'n debygol, er bod Marc yn dehongli'r ddwy stori mewn modd symbolaidd i ddangos sut y mae pobl yn dod i glywed ac i weld gwir statws Iesu. Noder fod ffydd yn elfen gref yn hanes Bartimeus ddall yn 10:46-52 hefyd.

O'r diwedd y mae Iesu a'i gyfeillion yn cyrraedd Bethsaida, tref fawr a chyfoethog (Cymh. 6:45). Awgryma'r cyfeiriadau at y 'pentref' (adn. 23, 26) nad Bethsaida oedd y lleoliad gwreiddiol, ond rhyw bentref anhysbys. Fel mewn mannau eraill, y mae Iesu'n mynnu mynd o'r neilltu ac unwaith eto mae'n def-nyddio'r math o ddulliau corfforol oedd yn boblogaidd ymhlith y Groegiaid. Un agwedd anghyffredin ar y stori hon yw'r ffaith fod yr iachâd yn digwydd yn raddol yn hytrach nag ar unwaith. Yn gyntaf hanner adferir golwg y dyn. Ni ddaw adferiad llawn ond yr ail dro ac fe nodir y canlyniad yn adn. 25. Efallai fod hyn oll yn cynrychioli hanner gweledigaeth y disgyblion yng Nghesarea Philipi, sy'n dilyn.

Llaw olygyddol Marc sy'n gyfrifol am y cyfeiriad at yr angen i gadw'n ddistaw ac unwaith eto y mae'n orchymyn hollol anymarferol. Yn lle'r gorchymyn i beidio â mynd i mewn i'r pentref fe geir, yn ôl rhai llawysgrifau, orchymyn i beidio â dweud dim wrth neb. Hwyrach fod hynny'n ymgais i gymhathu'r testun â'r ffurf arferol.

8:27-30 Datganiad Pedr ynglŷn â Iesu

Trobwynt yn hanes Iesu ym Marc yw'r adran 8:27-9:1 yn ôl llawer o esbonwyr, rhyw fath o newid cyfeiriad yn ei weini-dogaeth. Y mae gweinidogaeth Iesu yng Ngalilea wedi dod i ben. Yna mae'n cychwyn ar daith (pen. 9-10) a ddaw ag ef i Jerwsalem a'r groes yn y pen draw. Am weddill ei weinidogaeth dyma Iesu'n canolbwyntio ar ddysgu ei ddilynwyr agosaf, sy'n hynod o araf ac anneallus, am arwyddocâd dioddefaint nid yn unig iddo ef, ond iddynt hwythau hefyd. Cysylltir dysgeidiaeth Iesu ar ddioddefaint, felly, yn agos iawn â'i ddysgeidiaeth ar ystyr bod yn ddisgybl.

Yn y darn arbennig yma cawn drafodaeth ar statws Iesu a'i natur, yn enwedig mewn perthynas â disgwyliad yr Iddewon am frenin (Meseia) i adfer gogoniant Israel. Yn ôl y farn boblogaidd (Cymh. 6:14-15), y mae Iesu'n broffwyd, ond barn ei ddisgyblion, a fynegir gan Pedr eu llefarydd, yw mai Iesu yw'r Meseia. Nid yw'r farn hon wrth fodd Iesu. Y mae'n gorchymyn iddynt gadw'n ddistaw amdano (amlygir diddordeb Marc yn y 'gyfrinach Feseianaidd' yn y sylw hwn) naill ai am y gwrthodai'r syniad neu am y gwelai fod ganddynt gamsyniadau amdano. Disgwyliai Pedr a'r lleill, fel yr amlygir yn fuan, gymeriad nerthol, buddugoliaethus, ond y mae Iesu am iddynt ddysgu'n wahanol.

Lleolir y digwyddiad yng Nghesarea Philipi i'r gogledd o wlad Palestina ger Mynydd Hermon. Fe'i hailadeiladwyd gan y tetrarch Philip (gweler 6:17), mab Herod Fawr, ac fe'i dewiswyd yn lleoliad i gyffes Pedr efallai am ei bod ar y ffin rhwng y Wlad Sanctaidd a thiriogaeth y Cenhedloedd.

8:31-9:1 Iesu'n Rhagfynegi Ei Farwolaeth a'i Atgyfodiad

Cysylltir rhan gyntaf y darn hwn yn uniongyrchol â chyffes Pedr ac y mae'r pennawd yn y *BCN* sy'n gwahanu'r ddwy ran yn gamarweiniol. Ac anwybyddu'r cyfeiriad golygyddol at y gyfrinach Feseianaidd, ymateb Iesu ar unwaith i'r ffaith fod Pedr yn ei alw'n Feseia yw rhagfynegi'n fanwl sut y caiff ei wrthod gan y Sanhedrin, a'i ladd a dim ond yn sgîl hynny fwynhau rhyddhad yr atgyfodiad. Ni all Pedr na'i gyfeillion dderbyn hynny. Y mae Pedr yn ceryddu Iesu, ac yna'n cael ei geryddu'n llym yn ei dro. Dywedir wrtho fod ei syniadau am y Meseia yn gyfwerth ag eiddo Satan. Os felly, pe derbyniai Iesu ei gyffes, byddai'n ildio i demtasiwn y diafol. Rhaid i'r disgyblion dde-hongli tynged Iesu o safbwynt Duw yn hytrach nag o safbwynt dynion.

Y mae hynny wedyn yn arwain at ddysgeidiaeth ar ystyr bod yn ddisgybl a adeiladir o gwmpas nifer o ddywediadau oedd yn annibynnol ar ei gilydd yn wreiddiol (ymddengys amryw ohonynt mewn cyd-destunau gwahanol yn Luc). Yn olaf, cyfeirir at y wedd eschatolegol ar yr hyn sydd wedi digwydd neu i ddigwydd, ac y mae hynny'n arwain yn naturiol at hanes y gweddnewidiad.

O safbwynt diwinyddol roedd hi'n anodd esbonio dioddef-aint Iesu. Y dehongliad yma yw fod ei ddioddef yn rhan o gynllun Duw (defnyddid y gair 'rhaid' yn fynych yn y llên apocalyptaidd i ddynodi pwrpas ac ewyllys Duw). Y mae'n arwyddocaol mai fel Mab y dyn y mae Iesu'n dioddef ac fe bwysleisir hynny fwy nag unwaith yn y ddwy bennod ddilynol (9:9, 12, 31; 10:33f, 45). Awgryma disgrifiad manwl y datganiad ynghyd â syndod y disgyblion adeg y croeshoeliad fod gennym yma broffwydoliaeth ar ôl y digwyddiad. Dyma, yn sicr, yr esboniad tebygol ar fanylder y broffwydoliaeth; ar yr un pryd mae'n debyg fod Iesu wedi rhagweld ei dynged yn gyffredinol, ac yn enwedig sut y byddai'n cael ei wrthod ac o bosibl ei ladd, gan fod yr Ysgrythurau'n dangos mai dyna oedd tynged cenhadon Duw, heb sôn am brofiad Ioan Fedyddiwr. Pwysleisir gan Marc fod Iesu'n benderfynol o ddysgu ei ddisgyblion y wers hon ac i siarad yn blaen amdani - hynny yw, i beidio â siarad ar ddameg. Nid oes bellach unrhyw esgus dros gamddeall.

Y mae ar Pedr a'i gyfeillion ofn dioddefaint, fel sydd ar y ddynolryw yn gyffredinol. O ganlyniad, ychwanegir adran newydd lle mae Iesu'n galw'r dorf ato, sy'n dangos nad yw'r alwad i fod yn ddisgybl yn gyfyngedig i Pedr a'r cyfeillion eraill. Fel Iesu ei hun, rhaid i'w ddilynwyr fod yn barod i ddioddef, i ymwrthod â'r hunan (nid fel Pedr a wadodd Iesu yn ddiweddarach i achub ei groen) ac i farw (i gael eu croeshoelio, fel Iesu). Disgwylid i'r condemniedig gario'r trawsbren ar ei ffordd i gael ei ddienyddio.

Chwareir ar amwysedd y gair Groeg *psyche* yn y darn hwn. Y mae'r gair yn dynodi bywyd (= bodolaeth) yn ogystal â hunan (neu enaid, fel y'i cyfieithir weithiau). Rhaid i ddisgybl fod yn barod i golli ei fywyd i achub ei hun(an). Yn yr un modd wrth farw fe gollir pob cyfoeth yn y byd; nid yw'n cyfrif dim; yr unig beth sy'n cyfrif yw bod person yn achub ei 'hunan'.

Yna cyfeirir ddwywaith at y *parousia*, dyfodiad Iesu ar ddiwedd amser. Defnyddir y term Mab y Dyn eto, sydd, fel yr angylion, yn adleisio Dan. 7:13. Yn ôl dadl rhai ysgolheigion, y mae cyfeiriad Iesu at Fab y Dyn yn gyfeiriad at ryw fod ar wahân iddo ef ei hun. Nid oes amheuaeth, fodd bynnag, nad yw Marc yn uniaethu Iesu â Mab y Dyn, ac y mae'n anodd dadlau y tu hwnt i hynny. Asiant barn yw Mab y Dyn ac fe fernir pobl yn ôl eu hagwedd at Iesu. Y mae'r cyfeiriad at 'ei Dad' yn od, gan y byddai'n fwy addas mewn perthynas â'r teitl 'Mab Duw'; mae rhywfaint o ddryswch yma, felly.

Cyflwynir yr adnod ddilynol (9:1) â fformiwla ddifrifol ac y mae'r adnod hon hefyd yn cyfeirio at y *parousia*, yn ôl pob tebyg. Adlewyrchu damcaniaeth C. H. Dodd am eschatoleg gyflawnedig y mae cyfieithiad y *BCN*, a chan nad yw'r ddamcaniaeth yn dderbyniol bellach, dylid gwrthod y cyfieithiad hefyd. Disgwylir i Iesu ddychwelyd yn fuan, cyn marw rhai o'i ddilynwyr. Mae'n amlwg na chafodd y disgwyliad hwn ei wiredddu ac y mae hynny'n broblem ddiwinyddol i rai Cristnogion am na chyflawnwyd geiriau Iesu, ond ni ddylai'r ffaith fod Iesu'n ffaeledig yn hyn o beth fod yn broblem. Nid oedd y dyn Iesu'n hollwybodol; roedd rhagweld y dyfodol yr un mor anodd iddo ef ag i bob dyn arall. Cwyd yr un broblem ynglŷn â diffyg dyfodiad y deyrnas mewn nerth (y *parousia*) yn 13:30. Byddai'r adran gyfan yn gysur ac yn sicrwydd i gymuned Marc, os oedd y gymuned honno, fel y cred rhai, wedi wynebu erledigaeth. Bu raid iddynt ddysgu gwers galed am y gost o fod yn ddisgybl, gwers y bu dilynwyr agosaf Iesu ei hun yn hynod o araf i'w dysgu a'i deall.

9:2-13 Gweddnewidiad Iesu

Dyma un o'r hanesion hynotaf yn yr efengylau i'r meddwl modern. Y mae'n sôn am Iesu'n cael ei weddnewid, sef newid ei liw a'i lun i gymryd arno wedd lachar. Ymhlith dylanwadau eraill ar y gweddnewidiad y mae stori Moses yn dod wyneb yn wyneb â Duw ar Fynydd Sinai a'i wedd yn newid yn y fath fodd fel nad oedd neb yn medru edrych ar ei wyneb. Cymh. Ex. 34:29ff. Cymerodd Moses arno ryw fymryn o ogoniant Duw, a gynrychiolir yma gan ddisgleirdeb llachar. Yn yr un modd wrth sôn am yr atgyfodiad y mae Paul yn ei ddisgrifio fel rhywbeth sy'n trawsffurfio dyn ac yn ei newid i gyflwr o ogoniant (1 Cor. 15:51f). Yn Dat. 4:4; 7:9 y mae'r trawsffurfiad yn cynnwys dillad y rheini sy'n mynd i mewn i ogoniant ym mhresenoldeb Duw.

Nid yw'n syndod, felly, fod rhai yn honni fod y stori hon yn disgrifio ymddangosiad yr Iesu atgyfodedig. Y mae'n ddamcaniaeth ddeniadol, ond nid yw'n debygol. Ni fyddai'r fath ddehongliad yn esbonio presenoldeb Elias a Moses. At hynny, nid yw'r Iesu atgyfodedig yn ymddangos yn llachar, fel y mae yn y stori hon.

Awgrym arall yw fod gennym yma enghraifft o'r math o drawsffurfiad a welir weithiau wrth i sant gael gweledigaeth tra'n gweddïo, ond nid yw'r ddamcaniaeth hon chwaith yn medru esbonio'r delweddau manwl. Down yn nes at y gwir o gymharu'r stori â gweledigaethau Iddewig o ddiwedd amser, yn enwedig os yw'r stori yn dangos sut y cafodd y tri disgybl ragflas o'r hyn a broffwydwyd yn 9:1 ac a ddisgrifiwyd mewn modd nid annhebyg yn 8:38, sef dyfodiad (*parousia*) Iesu mewn gogoniant ar ddiwedd amser. Bryd hynny, byddai'r meirw yn cael eu hatgyfodi, ond roedd Elias, a gymerwyd yn fyw i'r nefoedd (2 Bren. 2:1-12), eisoes mewn gogoniant, fel yr oedd Moses hefyd yn ôl cred llawer o Iddewon gan nad oedd neb yn dyst i'w farwolaeth. Y mae gennym yma, felly, ddigwyddiad sy'n achub y blaen ar ddiwedd amser a'r wedd fydd ar Iesu pan ddaw mewn gogoniant. Y mae'r dehongliad hwn yn esbonio hefyd y cyfeiriadau at Ŵyl y Pebyll (Lef. 23:42f) oedd yn dwyn ar gof grwydro'r Israeliaid yn yr anialwch, pan fuont yn byw mewn pebyll, ffordd o fyw fyddai'n cael ei hadfer gyda gwawrio'r oes Feseianaidd (= dyfodiad y deyrnas).

Nid yn aml y ceir cyfeiriad penodol at amser a'r tro hwn gall fod yn adleisio hyd cyfnod puredigaeth Moses cyn iddo gyfarfod â Duw (Ex. 24:16); os amgen, mae'n dynodi cyfnod arferol hunanburedigaeth. Roedd mynyddoedd yn lleoliadau traddodiadol i Dduw ddatguddio'i hun ac yn yr achos yma mae'r mynydd yn cynrychioli Sinai. Yn ôl rhai, Mynydd Tabor oedd yr union leoliad, ond nid oes modd profi hynny. Grŵp mewnol o gyfeillion mynwesol yw'r tri disgybl. Cymh. 5:37; 13:3; 14:33.

Symboleiddio gogoniant y mae'r dillad gwynion (nid yw Marc, yn wahanol i Mathew, yn disgrifio wyneb Iesu), gogoniant sydd y tu hwnt i brofiad dyn (adn.3). Y mae Elias yn rhagflaenu Moses, y proffwydi o flaen y Gyfraith, a mae'r drefn honno'n anghyffredin, a dweud y lleiaf, mae'n debyg am y cysylltid Elias yn amlach â disgwyliad y diwedd, fel y gwelir yn yr adroddiad sy'n dilyn. Ymddengys fod Pedr mewn pergyl o wneud ffŵl ohono'i hun (adn.6). Yn sicr, y mae Pedr am estyn y profiad, oherwydd mewn ffordd sy'n nodweddiadol ddynol nid yw'n barod i wynebu dioddefaint. Adlewyrchir ei ddiffyg deall hefyd yn ei ffordd o gyfarch Iesu'n 'Rabbi'. Y mae ar bob un o'r tri ofn yn sgîl y profiad (Cymh. 4:41; 6:50), ond fe'u sicrheir hwy, gan mai ar eu cyfer hwy y trefnwyd y digwyddiad, gan Dduw ei hun mewn llais o'r nefoedd (Cymh. 1:11, lle nad oedd neb ond Iesu yn clywed y llais) fod Iesu'n Fab i Dduw ac felly y dylent wrando ar ei ddysgeidiaeth, ac yn enwedig ei ddysgeidiaeth am ddioddefaint (Deut. 18:15, 18). Cynrychioli'r *Shekinah* y mae'r cwmwl, gyda llaw, sef presenoldeb Duw yn preswylio ymhlith dynion (Cymh. Ex. 13:21f; 24:16, Esec. 1:28 ac yn y blaen).

Yna fe adewir y disgyblion gyda Iesu yn unig a mae'n rhaid iddynt wynebu realiti yr hyn a ddigwydd iddo. Gorchmynnir iddynt gadw'n ddistaw, fel sy'n digwydd yn fynych ym Marc, ond y tro hwn am gyfnod penodedig. Caiff y dirgelwch ei ddat-guddio ar ôl yr atgyfodiad, man cychwyn pregethu'r eglwys am Iesu. Yn anffodus, y mae'r tri yn dal heb ddeall, nid am atgyfodi fel y cyfryw, gan fod hynny'n gred gyffredin, ond am Iesu (= Mab y Dyn).

Trown nesaf, ac yn rhyfedd braidd, at drafodaeth ar Elias, a allai fod wedi dilyn 9:1 yn ffynhonnell Marc. Byddai hynny'n gwneud mwy o synnwyr, yn sicr. Cytuna Iesu y cyflawnir proffwydoliaeth Malachi (4:5) - yn wir, mae'n awgrymu fod y broffwydoliaeth eisoes wedi'i chyflawni, ac felly'n uniaethu Ioan Fedyddiwr a'i dynged â dychweliad Elias a ragfynegir yn yr Ysgrythurau. Ofer yw chwilio am ysgrythur benodol sy'n rhagfynegi dioddefaint Mab y Dyn; cyffredinol, felly, yw'r cyfeiriad hwn yn hytrach nag yn benodol. Amcan yr adnodau olaf yw arwain y darllenydd o ddiwinyddiaeth gogoniant i ddiwinyddiaaeth y groes, ond mae'r disgyblion yn methu'n lân a derbyn y datblygiad hwn na'i ddeall.

9:14-29 Iacháu Bachgen ag Ysbryd Aflan ynddo

Dyma'r adroddiad olaf am Iesu'n bwrw allan gythraul ym Marc a mae'n adroddiad anghyffredin o fanwl. Disgrifir symptomau'r bachgen ddwywaith (adn. 18, 22) ac y mae'r disgrifiad yn gyson â'r clefyd cwympo. Awgrym rhai ysgolheigion yw fod gennym yma gyfuniad naill ai o ddwy stori annibynnol neu o ddwy ffurf wahanol ar yr un stori, y naill am fethiant y disgyblion (adn. 14-19, 28f) a'r llall am ffydd y tad (adn. 20-27). Yn sicr, y mae'r ddwy thema yn amlwg. Rhaid i'r disgyblion ddysgu beth yw ystyr bod yn ddisgybl ac y mae'r ffordd y mae'r tad yn ymgodymu ag amheuon yn esiampl i'r lleill.

Agwedd arall ar y stori yw'r adlais, o bosibl, o stori Moses yn disgyn o Fynydd Sinai a dod wyneb yn wyneb â phobl ddi-ffydd. Cymh. Ex. 32. Dyna, efallai, sy'n cyfrif am syndod y bobl o weld Iesu (adn. 15). Fel yn achos Moses, gall fod ei wyneb yn adlewyrchu ei brofiad diweddar.

Y mae'r ysgrifenyddion yn ymddangos am foment, ond yn rhyfedd iawn heb gyfrannu o gwbl at y digwyddiad. Er iddo gyfarch Iesu'n 'Rabbi', mae'r dyn yn derbyn yn ddiweddarach fod ganddo'r gallu i iacháu. Y mae methiant y disgyblion yn od, a hwythau wedi derbyn awdurdod dros gythreuliaid yn 6:7, a'r rheswm a awgrymir yw eu diffyg ffydd (adn. 19. Cymh. Deut. 32:30). Y mae gan y tad fwy o ffydd, er bod ei ffydd yntau yn annigonol; mae'n arwyddocaol fod Iesu'n disgwyl i riant ddangos ffydd ar ran ei blentyn, fel yn achos Jairus a'r wraig o Syroffenicia.

Bwrir allan y cythraul trwy air Iesu'n unig ac y mae ymateb y cythraul yn pwysleisio pa mor anodd oedd y weithred, ond nid yw hynny'n rhyfedd, o gofio pa mor ddifrifol oedd cyflwr y bachgen (adn. 21). Yn dilyn y weithred, ymddengys fod y bachgen wedi marw a dyma Iesu'n ailadrodd y gamp o godi merch Jairus (adn. 27. Cymh. 5:41f), sy'n awgrymu rhyw fath o atgyfodiad.

Y mae'r adnodau terfynol hefyd yn od. Yr unig beth oedd yn angenrheidiol yn y stori oedd ffydd, ond yn yr adnodau hyn y mae'n rhaid wrth weddi (ac yn ôl rhai llawysgrifau, ympryd yn ogystal) er mwyn cyflawni iachâd. Eilradd yw'r sylwadau hyn, yn ôl pob tebyg, ac yn adlewyrchu arfer yr eglwys fore yn hytrach na Iesu ei hun.

9:30-32 Iesu Eilwaith yn Rhagfynegi ei Farwolaeth a'i Atgyfodiad

Dyma'r eilwaith i Iesu broffwydo ei ddioddefaint. Cymh. 8:31 a 10:33. Cawn lai o fanylion y tro hwn - nid oes unrhyw gyfeiriad at y Sanhedrin, er enghraifft. O'r herwydd barn rhai ysgolheigion yw mai dyma'r ffurf wreiddiol ar y broffwydoliaeth oedd yn sail wedyn i'r ddwy arall, gan fod Marc am ailadrodd y broffwydoliaeth deirgwaith i'w phwysleisio. Cymh. y tair gweddi yng Ngethsemane a Pedr yn gwadu Iesu deirgwaith.

A'r weinidogaeth gyhoeddus yng Ngalilea drosodd, y mae Iesu am osgoi cyhoeddusrwydd. Daw'r broffwydoliaeth gyntaf yn y gogledd pell, yr ail yng Ngalilea, a'r drydedd ar y ffordd i Jerwsalem; atalnodir y daith felly â'r thema hon fod tynged Mab y Dyn yn anochel. Y mae Iesu'n canolbwyntio yn awr ar ddysgu ei ddisgyblion, gan ddweud wrthynt fod Mab y Dyn i'w fradychu i ddwylo dynion. Y mae'r ymadrodd yn amwys (hwyrach o fwriad) yn y Groeg gan mai ystyr gwreiddiol y gair am 'fradychu' yw 'traddodi', sy'n awgrymu mai Duw sy'n traddodi Iesu yn hytrach na bod Jwdas yn ei fradychu. Cwbl anghredadwy yw diffyg deall parhaol y disgyblion, o gofio popeth sydd wedi digwydd.

9:33-37 Pwy yw'r Mwyaf?

Cawn enghraifft arall eto o fethiant y disgyblion i ddeall beth yw gwir ystyr bod yn ddisgybl. Yn ôl eu dealltwriaeth hwy braint yw bod yn ddisgybl, ond y mae Iesu'n dangos iddynt mai gwasanaethu mewn modd gostyngedig yw ei hanfod. Yn dilyn y broffwydoliaeth gyntaf o'r dioddefaint ceryddwyd Pedr am wrthod cydnabod yr angen i Iesu ddioddef. Dilynir y drydedd broffwydoliaeth, fel y gwelwn, gan geryddu Iago ac Ioan am fynnu statws arbennig. Yn yr achos hwn fe geryddir y disgyblion i gyd am eu huchelgais. Yn wir, efallai bod y dadlau ynghylch statws yn adlewyrchu dadlau tebyg yn yr eglwys fore yn nyddiau Marc hefyd.

Y mae Marc wedi cyfuno nifer o ddywediadau annibynnol; ymddengys amryw ohonynt mewn cyd-destunau gwahanol ym Mathew a Luc (y traddodiad Q) ac fel arfer ar ffurf fwy cyntefig nag eiddo Marc (ag adn.35 cymh. Mth. 23:11, Lc. 22:26 ac ag adn. 37 cymh. Mth. 10:40-42, Lc. 10:16). Nid oes unrhyw resymeg y tu ôl i'r trefniant, mewn gwirionedd. Yr angen i fod yn ostyngedig yw prif bwyslais yr adran, ac eto prif ergyd y ddameg ddramatig am y plentyn yw derbyn y rhai gostyngedig yn hytrach na bod yn ostyngedig. Sail y feirniadaeth yw fod uchelgais dyn a'i ddyhead am rym yn ei ddallu i'r gwirionedd a dyma wendid cynhenid y disgyblion.

Roedd hi'n arfer gan y rabiniaid drafod statws mewn perthynas â theyrnas y dyfodol. Yma beirniadir y disgyblion gan Iesu am boeni am y fath beth. Y mae Iesu'n eistedd i ddysgu yn ôl arfer athrawon y cyfnod. Trwy ddefnyddio plentyn (y mae'r un gair *talya* yn yr Aramaeg, gyda llaw, yn dynodi gwas yn ogystal â phlentyn; efallai, felly, fod Iesu'n chwarae â geiriau) y mae Iesu'n pwysleisio'r angen i fod yn ostyngedig, gan mai dyma'r agwedd briodol i'r rheini sy'n ei gynrychioli ef a thrwyddo ef yn cynrychioli Duw. Roedd cynrychiolydd dyn fel y dyn ei hun; os oedd Iesu felly'n cymryd arno swyddogaeth gwas, dyna hefyd oedd swyddogaeth ei ddilynwyr.

9:38-41 Yr Hwn nid yw yn ein Herbyn, Drosom Ni y Mae

Y mae gan y disgyblion wers arall i'w dysgu. Ni ddylent feddwl fod bod yn ddisgybl i Iesu yn gyfystyr â bod yn aelod o glwb dethol. Os oedd dynion eraill (paganiaid hyd yn oed. Cymh. Act. 19:13-17) yn bwrw allan gythreuliaid trwy apelio at enw Iesu, ni ddylid eu gwahardd am nad oeddynt yn perthyn i'r clwb (= y gymuned Gristnogol). Roedd y mater yma yn bwnc llosg yn y gymuned Gristnogol gynnar, fel y gwelwn yn 1 Cor. 12 a 1 In. 4.

Cysylltir y digwyddiad hwn â'r adran flaenorol gan yr ymadrodd 'yn fy/eich enw'. Dyma'r unig dro yn efengyl Marc i Ioan, fab Sebedeus, gymryd rhan flaenllaw ar ei ben ei hun yn y gweithgareddau. Y mae'n cyfarch Iesu yn 'Athro', yn union fel y byddai rhywun o'r tu allan i gylch y disgyblion. Dylid nodi fod llwyddiant y 'pagan' i fwrw allan gythreuliaid yn tanlinellu methiant disgyblion Iesu ei hun yn gynharach yn y bennod hon.

Adlewyrchir cyd-destun y gymuned Gristnogol yn yr ymadrodd 'nad oedd yn ein dilyn *ni*' (yn hytrach na 'ti'). Adlais o Num. 11:26-30 a geir yn ymateb Iesu, sydd hefyd yn dyfynnu dihareb boblogaidd (adn. 40). Cymh. Mth. 12:30 = Lc. 11:23 (fersiwn arall). Adleisir geirfa Paul hefyd yn y cyfeiriad at 'gwpanaid o ddŵr' a 'pherthyn i Grist', sef bod yn Gristion, sy'n adlewyrchu yn ogystal brofiad cenhadon yr eglwys fore yn hytrach na gweinidogaeth Iesu ei hun. Y mae'n amlwg hefyd fod y cenhadon hyn yn eithriadol o dlawd ac yn ddiolchgar, felly, am gwpanaid o ddŵr hyd yn oed.

9:42-50 Achosion Cwymp

Bod yn ddisgybl yw thema'r casgliad olaf o ddywediadau hefyd a gysylltir gan gyfres o ddolennau cydiol (tramgwyddo, tân a halen), a'r tro hwn ceir nifer o rybuddion. Canolbwyntir ar hunanymwadiad ac fe'i hategir gan yr addewid o wobr yn ogystal â'r bygythiad o gosb, gydag elfen gref o'r math o ddysgeidiaeth am dân uffern oedd yn boblogaidd yn llên apocalyptaidd y cyfnod. Roedd hynny hefyd yn nodweddiadol o bregethu Iesu hanes, yn ôl pob golwg. Cymh. y Bregeth ar y Mynydd (Mth. 5-7), lle ceir amryw o'r dywediadau a welir yn y darn hwn.

Y mae'r pwynt cyntaf yn cyfeirio yn ôl at adn. 36-37 ac yn rhybuddio yn erbyn achosi i'r rhai bychain (= naill ai plant, fel gynt - cymh. Mth. 18:6, Lc. 17.1f, neu ddisgyblion gwan) dramgwyddo. Y mae'r gosb yn llym eithriadol. Roedd boddi yn gosb eithaf ymhlith y Rhufeiniaid, ond roedd y ffurf yma ar ddienyddio yn wrthun i'r Iddew. Dwyseir difrifoldeb y gosb yma yn y cyfeiriad at y maen melin mawr a droir gan asyn (merched oedd yn troi'r maen melin bach).

Yna fe geir cyfres o rybuddion yn erbyn pechodau sy'n ymwneud â gwahanol aelodau o'r corff (dwylo, traed, llygaid), yn debyg i'r rhybuddion a geir ym Mth. 5:29-30 (llygaid a dwylo) ac yn adleisio treialon Job (31:1, 5, 7). Y cyngor ym mhob achos yw torri i ffwrdd yr aelod sy'n tramgwyddo er mwyn achub bywyd. Cofier fod torri aelodau'r corff i ffwrdd yn arfer mewn cymdeithasau yn y dwyrain hyd yn oed heddiw fel cosb gyfnewid am y gosb eithaf. Os felly, byddai torri aelod i ffwrdd yn llythrennol yn achub bywyd y troseddwr. Hwyrach fod Iesu'n gyfarwydd â'r arfer hwn, ond ei fwriad yw rhybuddio fod angen i'r troseddwr ennill bywyd tragwyddol ac felly osgoi cosb dragwyddol uffern, a gynrychiolir yma gan Gehenna, dyffryn ychydig i'r de o Jerwsalem lle'r arferid aberthu plant ar un adeg (2 Bren. 23:10), ond a oedd yn nyddiau Iesu yn domen ysbwriel oedd ar dân yn ddi-baid. Pwysleisir fod y gosb yn gosb dragwyddol yn adn.48 hefyd, dywediad a ailadroddir yn ôl rhai llawysgrifau yn adn. 44 a 46.

Y mae'n anodd dehongli'r ddwy adnod olaf. Dichon mai cyfeirio y maent at buredigaeth trwy dân, tân yr aberth o bosibl (gweler Lef. 2:13). Cymh. 1 Cor. 3:10-15. Y mae halen yn hanfodol i fywyd ac y mae ganddo ansawdd arbennig. Yn yr un modd rhaid i'r disgyblion ddangos fod ganddynt hwythau ansawdd arbennig. Rhaid iddynt fyw mewn cymundeb â'i gilydd (= rhannu'r halen) ac felly osgoi'r math o ddadlau dibwrpas am flaenoriaeth a gafwyd yn adn. 33-37.

10:1-12 Dysgeidiaeth ar Ysgariad

Gwelir dysgeidiaeth Iesu ar ysgariad mewn amryw o fannau yn yr efengylau cyfolwg, er nad ar yr un ffurf bob amser, yn ogystal ag yn 1 Cor. 7:10f (un o'r ychydig o weithiau i Paul apelio at ddysgeidiaeth Iesu hanes). Roedd ysgariad yn bwnc llosg rhwng Iddew a Christion yn nyddiau Marc. Roedd angen setlo'r mater mewn perthynas â disgyblaeth yr eglwys hefyd, thema ganolog yr adran hon o efengyl Marc.

Y mae'r cyd-destun ym Marc braidd yn od. Y Phariseaid sy'n codi'r cwestiwn, ond wedyn nid oes sôn amdanynt. Hwyrach nad oeddynt yn rhan o'r stori wreiddiol. Ni fyddai Iddew wedi gofyn a oedd ysgariad yn gyfreithlon gan fod Deut. 24:1-4 yn ei ganiatáu. Asgwrn y gynnen i'r Iddew oedd ar ba dir y caniateid ysgariad, a dyna'r ddadl yn fersiwn Mathew (gweler Mth. 19:3-9 a fersiwn Q yn Mth. 5:32 = Lc. 16:18). Yn wir, ymddengys fod ymateb cyntaf Iesu yn cydnabod hynny, gan iddo gyfeirio ei holwyr at y Torah.

Nid oedd y rabiniaid yn gytûn o bell ffordd ar y dehongliad cywir o Deut.24. Roedd ysgol Hillel yn rhyddfrydol iawn ac yn caniatáu ysgariad ar unrhyw dir fwy neu lai; ar y llaw arall, roedd agwedd ysgol Shammai yn fwy llym o lawer ac ni chaniateid ysgariad ganddynt ond ar dir godineb. Y mae Iesu'n llymach na hynny hyd yn oed; ymddengys nad yw'n barod i ganiatáu ysgariad o gwbl. Wrth ddadlau hyn y mae'n apelio at gyfraith naturiol y greadigaeth a ddatgenir yn Gen. 1:27 yn ogystal â'r arfer cymdeithasol a adlewyrchir yn Gen. 2:24. Diddorol yw nodi fod dadleuon tebyg i'w cael yn Sgroliau'r Môr Marw (gweler CD4). Yr hyn a wna Iesu yw gosod egwyddorion sylfaenol y Gyfraith yn erbyn pob cyfaddawd, er i'r Gyfraith ei gyfiawnhau.

Dylid cofio hefyd nad oedd y Gyfraith yn caniatáu hawl ysgariad ond i'r gŵr (cymh. Mathew a Luc), a felly yn hyn o beth y mae fersiwn Marc yn adlewyrchu agwedd gymeradwy o gyfoes trwy gydnabod hawliau'r ddau ryw, gan awgrymu yn enwedig mai'r wraig, fel rheol, sy'n dioddef o ganlyniad i odineb. Y mae cwestiwn gwreiddiol y Phariseaid yn cymryd y fath gyd-destun 'gwrywaidd' yn ganiataol, fel y mae ymateb Iesu yn adn.9, gan mai 'gŵr' yw ystyr 'dyn' yma.

Dadl Iesu, felly, yw mai trefn sylfaenol y greadigaeth yw uniad un gŵr ac un wraig. Y mae'r adran olaf nid yn unig yn gwrthod caniatáu ysgariad, ond yn dadlau fod ailbriodi yn gyfystyr â godineb. Yn ôl rhai, ychwanegiad diweddarach yw'r adran hon a gyfeiriwyd at gynulleidfa oedd yn byw o dan gyfraith Rhufain lle y caniateid i wraig ysgaru ei gŵr. Dys-geidiaeth i'r disgyblion o'r neilltu yw'r hon, fel yn aml ym Marc, er mwyn dangos efallai sut y dylai'r Cristion anelu at y bywyd perffaith, beth bynnag a ddywed y Gyfraith.

Cyflwyniad i weinidogaeth Iesu yn y de yw'r adran hon, er bod y manylion daearyddol yn aneglur, a dweud y lleiaf.

10:13-16 **Bendithio Plant Bach**

Efallai bod yr adroddiad byr yma ar agwedd Iesu at blant yn ymosodiad pellach ar neilltuaeth yn yr eglwys fore. Cymh. 9:34-40. Fe'i dehonglir, fodd bynnag, fel ymgais i gyfiawnhau bedyddio plant bychain. Nid yw hynny'n deg, yn gyntaf am nad oes sôn am fedydd, er yr adleisir y litwrgi bedydd yn y geiriau, 'Peidiwch â'u rhwystro' (adn. 14) a bendithio'r plant ar y diwedd, ac yn ail am y gall y gair Groeg a ddefnyddir gan Marc (*paidion*) ddynodi plentyn hyd at ddeuddeg oed, yn wahanol i Lc. 18:15 sy'n defnyddio'r gair am fabanod.

Y neges bositif yw mai rhodd yw'r deyrnas. Ni all neb ennill lle yn y deyrnas. Gall plentyn, er enghraifft, fynd i mewn iddi, er nad yw wedi cael cyfle i ennill unrhyw glod. Rhaid i'r disgyblion ddysgu'r wers hon. Nid oes hawl ganddynt i'w hystyried eu hunain yn glwb dethol yn null gwrthwynebwyr Iesu, y Phariseaid, er enghraifft. Y mae angen ffydd nodweddiadol plentyn, sef agwedd anhunanymwybodol, ddibynnol ac agored. Dyma'r wers na all y disgyblion ei deall.

Ceir yn Mth. 5:3 bwynt tebyg am y tlodion (heb haeddiant) fydd yn etifeddu'r deyrnas. Roedd adn. 15 hefyd yn ddywediad annibynnol yn wreiddiol (Cymh. Mth. 18:3 a hyd yn oed In. 3:5) y mae Marc neu ei ffynhonnell wedi'i gynnwys yng nghanol y stori draddodiadol.

10:17-31 Y Dyn Cyfoethog

Pwysleisir eto oblygiadau dilyn Iesu trwy osod agwedd y dyn cyfoethog ochr yn ochr â'r ffydd plentyn a gymeradwyir gan Iesu. Efallai bod gennym yma bedair uned wahanol: hanes y dyn cyfoethog (adn. 17-22); dysgeidiaeth am gyfoeth (adn. 23-27); addewid gwobr (adn. 28-30); y frawddeg gloi (adn. 31). Gwelir rhai o'r dywediadau hyn mewn cyd-destunau gwahanol ym Mathew a Luc - cymh. er enghraifft, adn.31 â Mth. 20:16 a Luc 13:30.

Nid yw cyfarchiad y dyn cyfoethog 'Athro da' yn unol ag arfer yr Iddewon a dyna, hwyrach, paham y mae Iesu'n ei gywiro (adn.18). Y mae Mth. 19:17 yn osgoi'r broblem. Gofynnid yn aml i'r rabiniaid esbonio sut y gallai dyn etifeddu teyrnas Dduw a byddai cysylltu hyn â chadw'r Gyfraith wrth eu bodd. Y mae Iesu'n dyfynnu'r chwech olaf o'r deg gorchymyn, er iddo roi'r pumed yn olaf a newid y degfed 'Na chwennych' i 'Na chamgolleda'. Ymddengys ymateb y dyn yn falch, ond y mae'n dweud y gwir, yn ôl pob tebyg. Cymh. Phil. 3:6. Y mae Iesu'n cynhesu tuag ato, gan gydnabod ei ddiffuantrwydd. Efallai bod Iesu'n ei gofleidio, os dyna'r dehongliad cywir o'r Groeg a gyfieithir 'hoffodd'.

Y mae Iesu, fodd bynnag, yn mynnu ymrwymiad llwyr. Rhaid i'r dyn fod yn barod i roi'r gorau i hunan-les - hynny yw, rhaid iddo fynd y tu hwnt i gadw'r Gyfraith. Ni all wneud hyn am nad yw'n barod i roi'r gorau i'w gyfoeth. Yn ôl Marc, ei gyfoeth yw'r unig beth pwysig amdano. Ar y llaw arall, 'dyn *ifanc*' yw disgrifiad Mathew ohono ac yn ôl Luc mae'n 'rheolwr *ifanc*'.

Dyma Iesu yn awr yn ymosod ar gyfoeth. Anaml iawn y bydd Iesu'n cyfarch ei ddisgyblion yn 'blant', ac efallai bod hynny'n adlais o'r adran flaenorol. Byddai'r rhan fwyaf o gyfoeswyr Iesu'n ystyried cyfoeth yn arwydd o gymeradwyaeth Duw; byddai sylwadau Iesu ar gyfoeth, felly, wedi peri syndod iddynt, fel y gwnant yma. I danlinellu ei bwynt mae'n cyflwyno darlun sy'n fwriadol hurt. Nid oes angen cael gwared â'r camel trwy roi gair Groeg tebyg â'r ystyr 'rhaff' yn ei le nac awgrymu chwaith mai enw porth yn Jerwsalem oedd 'crai'r nodwydd'. Ceir dywediad nid annhebyg am eliffant yn y Talmwd.

Y mae'n amlwg fod geiriau Iesu'n achosi pryder i'r disgyblion, gan iddynt awgrymu na all neb felly gael ei achub (= etifeddu teyrnas Dduw). Yna mae Iesu'n eu hatgoffa fod popeth yn dibynnu ar Dduw, ac felly fod popeth yn bosibl, er bod pob ymdrech ddynol yn ofer. A dyma Pedr, yn ei dro, yn siarad ar ran ei gyfeillion eto, yn atgoffa Iesu eu bod hwythau hefyd wedi aberthu popeth. Diau fod hynny'n wir am aelodau cymuned Marc hefyd. Ymateb Iesu yw eu sicrhau na fydd eu haberth heb wobr yn y diwedd. Yn arwyddocaol nid yw'r pethau a aberthir yma yn cynnwys 'gwraig', yn wahanol i rai testunau eraill - er enghraifft, Lc. 18:29. Gwyddom hefyd o 1 Cor. 9:5 fod Pedr wedi cadw ei wraig. Daw'r sicrwydd ar ffurf addewid ddifrifol gan fod y geiriau 'Yn wir, rwy'n dweud' (adn.29) yn ei gyflwyno. Ychwanegir un ergyd olaf, er hynny, gan fod yr addewid yn cyfeirio at erledigaeth yn ogystal â gwobr, a gall fod hynny'n adlewyrchu profiad cymuned Marc. Nid oes sôn am erledigaeth ym Mathew na Luc.

Pwyslais y dywediad olaf (adn. 31) yw na all neb hawlio blaenoriaeth na rhagoriaeth gerbron Duw, hyd yn oed y disgyblion. Dyma'r wers sylfaenol y mae'n rhaid iddynt hwy, fel yr Iddew cyfoethog cyfreithgar, ei dysgu.

10:32-34   Iesu y Drydedd Waith yn Rhagfynegi ei Farwolaeth a'i Atgyfodiad

Y mae'r drydedd broffwydoliaeth o'r dioddefaint yn fwy manwl na'r lleill. Yn ôl rhai esbonwyr, mae'n debyg i gynllun sy'n amlinellu chwe golygfa Drama'r Groes. Awgrymir weithiau fod y fath gywirdeb manwl yn dangos gwybodaeth o'r digwyddiad; ar y llaw arall, mae'n anodd credu fod Marc o'i fwriad wedi cyfeirio yn y fath fodd at y Cenedl-ddynion. Efallai bod y manylion yn tarddu o'r litwrgi. Fel y proffwydoliaethau eraill (8:31 a 9:31), y prif bwyslais yma eto yw fod yr hyn sydd ar ddigwydd yn unol â rhagluniaeth Duw a bod Iesu'n ufudd i ewyllys Duw.

Ar daith y traddodir pob un o'r proffwydoliaethau. Pen y daith amlwg y tro hwn yw Jerwsalem, sy'n tanlinellu fod tynged Iesu'n anochel. Hwyrach mai hynny sy'n cyfrif am ofn y disgyblion a'u syndod. Yn ôl eraill, y mae gennym ddwy garfan yn adn. 32, ond nid yw hynny'n debygol. Fel o'r blaen, traddodir y ddysgeidiaeth am ddioddefaint Iesu i'r deuddeg o'r neilltu.

10:35-45   Cais Iago ac Ioan

Dilynir dysgeidiaeth am ddioddefaint eto gan adroddiad sy'n dangos methiant y disgyblion i ddeall, Iago ac Ioan i ddechrau (adn. 35-40) ac yna'r lleill (adn. 41-45). Dichon fod y ddwy ran yn annibynnol yn wreiddiol, barn a gefnogir gan y ffaith fod geiriau tebyg i'w cael yng nghyd-destun hanes y Swper Olaf yn Lc. 22:24-27. Er hynny, yr un yw neges y ddwy ran: rhaid i'r

82

disgyblion efelychu parodrwydd Iesu i wasanaethu, gan gynnwys bod yn barod i ddioddef, gan fod y ffordd i ogoniant yn arwain ar hyd llwybr dioddefaint. Byddai'r wers honno'n berthnasol i gymuned Marc hefyd, ac yn enwedig i arweinwyr y gymuned.

Nid oes sôn am gais meibion Sebedeus yn Luc a'u mam sy'n cyflwyno'r cais yn ôl Mathew, a'r ddwy efengyl, felly, yn osgoi dangos gwendid ar ran y ddau ddisgybl. Y cais yw iddynt gael lle anrhydeddus, fel pe bai mewn gwledd, y wledd Feseianaidd efallai. Hwyrach fod y ddau yn meddwl fod Iesu ar fin sefydlu'r deyrnas yn Jerwsalem. Os felly, camddeall natur gorsedd Iesu y maent, gan mai'r ddau wrthryfelwr sy'n cael 'eistedd' wrth ochr gorsedd Iesu ar Galfaria. Nid oedd unrhyw amheuaeth gan y ddau frawd nad oeddynt yn haeddu gwobr, ac y mae'r fath gamsyniad ar ran dau ddisgybl blaenllaw yn awgrymu'n gryf fod yr adroddiad wedi'i seilio ar draddodiad dilys.

Ceir ymateb sylfaenol Iesu yn adn.40. Nid oes ganddo'r hawl i ddosbarthu anrhydeddau; Duw yn unig biau'r hawl honno. Cyn hynny, fodd bynnag, mae'n herio'r ddau frawd ynghylch eu parodrwydd i wynebu dioddefaint ac, o bosibl, ferthyrdod. Roedd y 'cwpan' yn symboleiddio dioddefaint yn yr Ysgrythurau Hebraeg. Cymh. Salm 75:8 a gweler hefyd 14:36 ac In.18:11. Hwyrach fod y cyfeiriad at fedydd yn ychwanegiad (nid oes sôn am fedydd ym Mathew) am y tybid fod y cwpan yn cyfeirio at sagrafen yr Ewcharist. Y mae Iesu'n proffwydo y bydd y ddau frawd yn wynebu merthyrdod, ond barn rhai esbonwyr yw fod hynny'n broffwydoliaeth ar ôl y digwyddiad. Gweler Act.12:2 am dynged Iago, ond nid oes sicrwydd fod Ioan wedi dioddef yr un dynged â'i frawd. Mewn gwirionedd, y broffwydoliaeth hon yw'r unig wir sail i'r traddodiad.

Y mae'r deg disgybl arall yn ynfyd, efallai am fod y ddau frawd wedi achub y blaen ar eu cais hwythau. Daw'r mater o awdurdod i'r wyneb eto. Cymh. 9:33-37. Nid oes le i dra-arglwyddiaethu ymhlith y disgyblion, yn wahanol i'r byd seciwlar. Yr unig agwedd dderbyniol yn eu plith yw agwedd gwas neu gaethwas, ac yn hyn o beth Mab y dyn (Iesu) yw'r patrwm. Er y gallai Iesu fel Mab y dyn ddisgwyl i eraill ei wasanaethu ef (Cymh. Dan. 7), gwelodd ei swyddogaeth yn nhermau gwasanaethu eraill (y mae'r gair Groeg yn dynodi gwasanaethu wrth y bwrdd).

Cysylltir y gwasanaeth hwn wedyn â marwolaeth Iesu wrth iddo ddysgu am yr iawn (adn. 45), dysgeidiaeth sy'n hynod o brin ym Marc. Am y rheswm hwnnw, dadl rhai ysgolheigion yw fod y dywediad yn eilradd; nid eiddo Iesu ei hun mohono. Yn gyffredinol, fodd bynnag, mae'n ymddangos fod Iesu'n ymwybodol mai dioddef a marw oedd ei dynged. Os felly, gallai'n hawdd fod wedi dehongli hynny yn nhermau merthyrdod sy'n gwneud iawn, fel merthyrdod y Macabeaid. Nid yr un yw'r gair Groeg am 'bridwerth' a'r gair am 'aberth dros bechod' yn Eseia 53:10. Yn hytrach, mae'n dynodi'r pridwerth a delid i ryddhau caethwas neu i sicrhau gwaredigaeth i'r cyntafanedig. Roedd marwolaeth Iesu felly'n bridwerth 'ar ran' neu 'er mwyn' llawer, sef pawb (yn ôl priodddull yr Hebraeg). Gall y gair Groeg olygu 'yn lle' hefyd, a byddai hynny'n cefnogi'r rheini sy'n dehongli'r iawn fel aberth, ond barn ysgolheigion cyfoes yw fod hynny'n llai tebygol na'r dehongliad cyntaf.

10:46-52   Iacháu Bartimeus Ddall

Jericho, rhyw 15 milltir o Jerwsalem, yw lleoliad yr hanes gwyrth olaf ym Marc; y mae pen y daith, felly, ar y gorwel. Ailadeiladwyd Jericho gan Herod Fawr a'i fab Archelaus ac erbyn hyn roedd hi'n ddinas hardd. Cardotyn dall yw'r un a iacheir, fodd bynnag, ac felly y mae'r stori yn dangos nid yn unig allu Iesu i iacháu'r corff, ond ffydd y dyn dall sy'n ei alluogi, yn wahanol i'r disgyblion, i weld y gwir. Dyma uchafbwynt priodol, felly, i'r adran sy'n trafod bod yn ddisgybl a gychwynnodd hefyd, yn arwyddocaol iawn, gyda hanes iacháu dyn dall a'r adfer graddol o'i olwg (8:22-26).

Y mae'r cardotyn, a enwir (ac y mae hynny'n anghyffredin) yn Bartimeus (= mab Timeus; ychwanegwyd y cyfieithiad, yn ôl pob golwg, o fewn cyd-destun Groegaidd) yn cydnabod Iesu'n Fab Dafydd (teitl Meseianaidd). Y mae hynny'n gyflwyniad priodol i gyfres o ddigwyddiadau yn y bennod nesaf sy'n arddangos statws Meseianaidd Iesu. Ar yr un pryd nid yw'r teitl hwn yn cyfleu gwir natur statws Iesu na'i wir hanfod chwaith; daw hynny'n amlwg wrth i'r hanes symud yn ei flaen at y dioddefaint a'r groes.

Yn ôl dadl rhai esbonwyr, ychwanegiadau diweddar yw enwau'r lle a'r cardotyn, ond barn ddianghenraid o amheugar yw honno. Roedd 'Mab Dafydd' yn deitl i'r Meseia (Cymh. Salmau Solomon 17:25), ond dyma'r unig dro i Farc briodoli'r teitl i Iesu, er y rhagdybir y teitl yn yr adroddiad sy'n dilyn. Bartimeus yw'r unig fod dynol, ac eithrio Pedr yng Nghesarea Philipi, sy'n cydnabod Iesu yn Feseia a mae'n gwneud hynny'n gwbl gyhoeddus. Y mae'n eironig braidd mai'r dorf yn hytrach na Iesu sy'n gofyn iddo dewi y tro hwn!

Lledaenai cardotyn ei glogyn ar y llawr i dderbyn elusen. Wrth daflu ei glogyn i ffwrdd roedd Bartimeus yn dangos ei barodrwydd i roi'r gorau i bopeth er mwyn dilyn Iesu. Gwrthgyferbynner ymateb y dyn cyfoethog yn gynharach yn y bennod. Y mae Bartimeus, felly, yn troi'n batrwm o ddisgybl. 'Rabbwni' yw ei ffordd o gyfarch Iesu, ffurf fwy parchus ar rabbi (= athro), ac yna mae'n dilyn Iesu, fel disgybl, mae'n sicr. Y mae'r dyn dall nid yn unig wedi cael ei olwg yn ôl; y mae wedi dod o hyd i'r fath ffydd fel bod Iesu'n ei ganmol. Y ffydd hon sy'n ei alluogi i fod y cyntaf i adnabod Iesu fel Mab Dafydd (= y Meseia). Atseinir ei gyffes wedyn gan y dorf wrth i Iesu farchogaeth yn fuddugoliaethus i mewn i Jerwsalem ar ddechrau'r bennod nesaf.

11:1-11 Yr Ymdaith Fuddugoliaethus i mewn i Jerwsalem

Yn Sech. 9:9 y mae'r proffwyd yn rhagweld y Brenin yn marchogaeth yn fuddugoliaethus i mewn i Jerwsalem ar gefn asyn. Yn yr un modd, yn ôl Sech. 14:4, ar Fynydd yr Olewydd y daw Duw i farnu ar y dydd diwethaf. Dyma'r testunau sy'n gefndir i'r hanes hwn; bu'r testunau naill ai'n ddylanwad ar Iesu a'i benderfyniad i weithredu fel y gwnaeth neu'n ysbrydoliaeth i ddychymyg yr eglwys fore i ddyfeisio hanes am Iesu'n cyflawni proffwydoliaeth Sechareia. Fel mae'n digwydd, nid yw Marc, yn wahanol i Mth. 21:5 a In. 12:15, yn dyfynnu Sech. 9:9 yn uniongyrchol, ond nid oes amheuaeth nad dyma'r traddodiad a etifeddodd a'i ailadrodd er mwyn cyhoeddi mewn modd dramatig mai Iesu oedd y Meseia.

Y mae'n anodd penderfynu beth yn union ddigwyddodd yn wreiddiol. Yn ôl yr efengylau eraill, y mae'r dorf yn cyfarch Iesu ac yn ei groesawu fel Meseia. Yma ym Marc (adn. 9) ymddengys mai ei ddilynwyr yn unig sy'n ei groesawu. Efallai nad oedd y digwyddiad gwreiddiol hanner mor drawiadol ag yr awgrymir gan y traddodiad a hwyrach mai dyna sy'n esbonio paham nad ymyrrodd y Rhufeiniaid ar unwaith i restio Iesu ac atal gwrthryfel posibl.

Yn ôl Marc, dyma ymweliad cyntaf Iesu â Jerwsalem; yn wir, dyma'i unig ymweliad. Nid yw'n hawdd derbyn fod hynny'n hanesyddol gywir a hwyrach fod cofnod efengyl Ioan yn gywirach a bod Iesu wedi ymweld â Jerwsalem amryw o weithiau. Os felly, efallai fod Iesu'n adnabod perchennog yr asyn ac wedi trefnu i fenthyca'r anifail. Gan fod Iesu'n arfer teithio bob amser ar gerdded (neu mewn cwch), y mae ei benderfyniad i farchogaeth i mewn i Jerwsalem yn hytrach na cherdded i mewn fel pererin yn arwyddocaol ac yn awgrymu'n gryf fod Iesu'n hawlio statws arbennig neu'n rhoi gwers ddramatig i'w ddisgyblion am ei wir statws. Ymddengys hefyd fod y digwyddiad yn gyflwyniad i gyfres o adroddiadau am lwyddiant Iesu, er mai camargraff yw hynny, oherwydd beth bynnag yw ei hymateb ar unwaith y mae Israel yn gwrthod derbyn y Meseia, fel yr amlygir ar groes Calfaria yn fuan iawn.

Unwaith eto y mae gwybodaeth ddaearyddol Marc yn llai na sicr gan fod Bethffage yn nes at Jerwsalem na Bethania sy'n ddwy ffilltir i ffwrdd, gan nad yw Bethffage ond yn hanner milltir y tu allan i'r ddinas. Y mae'r ddau bentref ar lethrau Mynydd yr Olewydd. Seilir y cyfarwyddiadau am yr asyn (anifail y Brenin) naill ai ar drefniant blaenorol neu ar wybodaeth oruwchnaturiol, er na fyddai'n anodd dod o hyd i asyn mewn pentref yng ngwlad Palestina bryd hynny. Byddai'r ffaith nad oedd neb wedi marchogaeth ar ei gefn yn gwneud yr asyn yn addas i'r Brenin neu at unrhyw bwrpas sanctaidd (Cymh. Num. 19:2, Deut. 21:3). Gallai'r cyfeiriad at y 'Meistr' (adn. 3) ddynodi perchennog yr asyn (neu mai Iesu oedd ei berchen gan mai ef yw'r Brenin); os amgen, cyfeirir at Iesu fel 'Arglwydd' a byddai hynny'n unigryw ym Marc. Y mae'r disgyblion yn darparu gorsedd i Iesu gyda'u dillad; maent hefyd yn ofalus i gadw'r gofynion parthed benthyca anifail a gofnodwyd yn ddiweddarach yn y Mishna.

Anghyffredin iawn yw'r sylw fod y dorf yn efelychu'r disgyblion ac felly'n lledaenu dillad a dail ar yr heol; math ar wrogaeth a geir yma, mae'n debyg (Cymh.2 Bren.9:13). Roedd canghennau'n elfen bwysig o ddefod Gŵyl y Pebyll (yn yr Hydref) yn ogystal â Gŵyl y Cysegru, oedd yn coffáu Jwdas Macabeus yn glanhau'r Deml ac yn ei hailgysegru yn 165 C.C. Yn ôl rhai ysgolheigion, y mae'r dystiolaeth hon yn cefnogi'r ddamcaniaeth mai ar un o'r gwyliau eraill yr aeth Iesu i mewn i Jerwsalem yn hytrach nag ar Ŵyl y Pasg, fel yr awgrymir gan Marc a'r efengylau eraill. Y mae hynny'n eithaf posibl oherwydd y mae amserlen Marc o ddigwyddiadau'r dioddefaint yn fwy dibynnol ar litwrgi nag ar hanes.

Roedd Gŵyl y Cysegru (*Hannukkah*) yn arbennig yn ysgogi ymwybyddiaeth genedlaethol gref a byddai hynny'n gyson â'r llef *Hosanna* (= achub yn awr) oedd yn erfyn ar i Dduw achub ei bobl o law'r gormeswr estron. Dyfyniad yw cyfarchiad y disgyblion o Salm 118:26, cyfarchiad i'r pererin yn wreiddiol, ond fe'i haddaswyd yma i gyfarch cennad Duw. Cadarnheir mai'r Meseia yw hwnnw yn y cyfeiriad at deyrnas 'ein tad' Dafydd (ymadrodd hynod o anghyffredin oherwydd fel rheol y patriarchiaid oedd y 'tadau'). Roedd Salm 118, gyda llaw, yn un o'r Salmau *Hallel* (113-118) a ddefnyddid adeg y Pasg yn ogystal â'r gwyliau eraill. Gorfoledd yw'r llef olaf; os amgen, mae'n galw ar Dduw i achub o'r nef (= yn y goruchaf).

Braidd yn siomedig yw diwedd y stori, gyda Iesu'n ymweld â'r Deml fel pe bai ar wibdaith, cyn ymgilio i Fethania am y noson gyda'r deuddeg. Y rheswm yw fod Marc am gysylltu gweithred nesaf Iesu yn y Deml â melltithio'r ffigysbren, sy'n dilyn.

11:12-14   Melltithio'r Ffigysbren

Gwelwyd eisoes fod Marc yn hoff o osod un adroddiad o fewn un arall. Cymh. 5:21-43. Yma mae'n rhoi'r adroddiad am Iesu'n melltithio'r ffigysbren o flaen yr hanes am weithred Iesu yn y Deml, ac felly'n cysylltu'r ddau ddigwyddiad, ac yna yn syth ar ôl y digwyddiad yn y Deml mae'n cofnodi dinistrio'r ffigysbren. O ganlyniad, mae'n pwysleisio fod tynged y ffigysbren yn symboleiddio dinistr y Deml yn O.C. 70. Dyma farnedigaeth Duw ar Israel am wrthod Iesu fel Meseia.

Melltithio'r ffigysbren yw'r unig enghraifft o Iesu'n defnyddio'i allu at ddibenion dinistriol. Gan i rai gredu nad yw hynny'n gyson â chymeriad Iesu, honnir yn aml fod dameg wreiddiol (Cymh. Lc.13:6-9) wedi troi'n weithred yn nes ymlaen. Y mae'r fath ddehongliad yn caniatáu inni esgusodi Iesu o unrhyw greulondeb dianghenraid tuag at goeden ddiniwed, ond rhaid amau cymhellion y rheini sy'n cynnig y fath ddehongliad. Bwriad Marc, fodd bynnag, yw i'r darllenydd ddehongli'r digwyddiad mewn modd symbolaidd - dyna bwynt y sylw nad tymor ffigys mohono (adn. 13). Yn yr Ysgrythurau Hebraeg y mae'r ffigysbren yn cynrychioli Israel (gweler Hos. 9:10, Jer.8:13, Joel 1:7, Micha 7:1), ac felly yma. Efallai bod y stori wedi'i symbylu gan goeden wywedig amlwg yn ymyl Jerwsalem. Dyma'r unig wyrth a gyflawnwyd gan Iesu yn Jerwsalem ac yn arwyddocaol mae'n arwain at felltith a dinistr.

Y mae'r adroddiad yn cychwyn gyda chyfeiriad anarferol at amser. Disgwylid i'r ffigysbren gynhyrchu ffrwyth yn yr oes Feseianaidd, ond fel arall byddai'n blodeuo ym mis Mawrth ac yn cynhyrchu ffrwyth aeddfed rai misoedd yn ddiweddarach. Wrth felltithio'r goeden y mae Iesu'n gweithredu awdurdod Duw ac y mae'r disgyblion yn dystion i hynny, fel y cadarnheir yn nes ymlaen yn adn.20ff.

11:15-19 **Glanhau'r Deml**

Yn ôl Mal. 3:1 (Cymh. Sech. 14:21 a Hos. 9:15), deuai hanes i ben trwy ymyrraeth uniongyrchol Duw ar ei ymweliad â'r Deml yn Jerwsalem. Dyna'r cefndir hanfodol ar gyfer dehongli ymweliad Iesu â'r Deml. Y mae'n achub y blaen ar ddinistr y Deml yn O.C. 70, yn union fel ei eiriau proffwydol yn 13:1-2. Y mae'n dynodi, felly, farn Duw ar Israel ac, ym Marc, dderbyn y Cenedl-ddynion fel yr Israel newydd. Tystiolaeth unfrydol yr efengylau yw fod yr ymweliad wedi digwydd adeg y Pasg, ond yn ôl Ioan mae'n digwydd ar ddechrau gweinidogaeth Iesu ac yn arwydd mwy penodol o ddinistr y Deml a'i disodli gan yr eglwys, corff Crist.

Yn ôl Marc, dyma uchafbwynt her Iesu i'r awdurdodau Iddewig. Dyma, felly, y weithred olaf sy'n selio ei dynged. Efallai fod Iesu'n ymosod ar y gyfundrefn aberthu fel y cyfryw (byddai hynny'n esbonio gyrru'r anifeiliaid allan o'r Deml), ond ym Marc mae'r weithred yn debycach i wrthdystiad nad yw'r Deml bellach yn dŷ gweddi (gweler y dyfyniad o Eseia 56:7 yn adn. 17) ac wedi troi'n ganolfan fasnach (= yr ogof lladron a ragwelwyd gan Jer. 7:11).

Fel mae'n digwydd, caniateid i fasnachwyr weithio yn y

Deml; mewn gwirionedd, roedd eu masnach yn angenrheidiol i'r sawl a fynnai gyflwyno anifail difrycheulyd yn aberth. Yn yr un modd, roedd gan y cyfnewidwyr arian swyddogaeth ymarferol gan fod yn rhaid i bererinion dalu treth y Deml mewn darnau arian Tyraidd, am fod darnau arian Rhufain yn dwyn delwau ac felly'n tramgwyddo yn erbyn yr ail orchymyn. Roedd stondinau'r masnachwyr yn y cyntedd mwyaf allanol (Cyntedd y Cenedl-ddynion) o bedwar cyntedd cydganolog yr adeilad gwych a godwyd gan Herod Fawr yn 20 C.C. ar safle Teml Solomon. Adleisir protest Iesu yn erbyn troi'r Deml yn ffair gan Joseffus a'r Mishna.

Ymateb yr offeiriaid a'r ysgrifenyddion yw fod Iesu'n ymosod arnynt hwy. Nid yw hynny'n rhyfedd gan mai hwy oedd yn elwa ar ddiwydiant y Deml; barn Marc, felly, yw fod hynny'n peri iddynt fynd yn fwy penderfynol byth i gael gwared â Iesu. Cymh. 3:6. Roedd Iesu, fodd bynnag, mor boblogaidd fel na allent symud yn uniongyrchol yn ei erbyn. O safbwynt hanesyddol mae'n anodd deall paham, os oedd gweithred Iesu mor agored a thrawiadol ag yr awgrymir yma. Amcan ei weithred broffwydol oedd datgan barn yn ogystal â chyhoeddi dyfodiad y deyrnas mewn modd symbolaidd, a dyna paham y mae Marc yn ei chysylltu â melltithio'r ffigysbren. Bwriad Iesu, felly, oedd cyhoeddi diwedd cyfundrefn y Deml yn hytrach na diwygio'r drefn honno. Yn yr ystyr yna adroddiad Ioan sy'n nes at y gwir hanesyddol. Cefnodd Eseniaid Qumran ar drefn y Deml yn Jerwsalem mewn modd tebyg. Yn wir, sail gobaith yr Iddewon am adnewyddiad oedd y syniad o deml newydd, fel y gwelir yn y TN yng ngwaith Paul ac awdur Llyfr Datguddiad.

11:20-26 Gwers y Ffigysbren Crin

Daw'n amlwg fore trannoeth (y trydydd dydd yn ôl amserlen Marc) fod melltithio'r ffigysbren wedi cael effaith. Fe'i dinistriwyd yn llwyr, fel y mae Pedr, sy'n cynrychioli gweddill y disgyblion (Cymh. 8:29, 33, 9:5), yn ei gadarnhau.

90

Y mae'n rhyfedd, felly, fod Marc yn gweld yma wers ar ffydd a gweddi - yn adn. 22-25 fe geir cyfres o ddywediadau oedd yn annibynnol yn wreiddiol, sy'n ymddangos mewn cyd-destunau eraill ym Mathew a Luc; fe'u cysylltir â'i gilydd gan Marc gyda'r dolennau cydiol 'ffydd' a 'gweddi'. Nid yw'r cysylltiad â mell-tithio'r ffigysbren yn gryf iawn, onibai bod pobl yn credu mai ffydd Iesu yn Nuw a'i galluogodd i ddinistrio'r goeden.

Ceir y dywediad am y mynydd ym Mth. 17:20 ac fe'i cysylltir â sycamorwydden yn Lc. 17:6. Roedd yn seiliedig ar ddihareb oedd yn pwysleisio fod modd cyflawni'r gorchwyl mwyaf anodd trwy ffydd. Y mae'r môr gyda llaw yn lle dinistriol. Cymh. 5:13. Efallai bod y ddysgeidiaeth am weddi yn codi o'r syniad o dŷ gweddi. At hynny, mae'n adleisio Gweddi'r Arglwydd, sy'n awgrymu fod Marc yn gyfarwydd â'r Weddi honno, er nad yw'n ei chynnwys yn yr efengyl. Y mae adn. 26 yn eilradd ac yn dibynnu ar Mth. 6:15. Yn yr un modd, Mth. 21:21 yw ffynhonnell yr amodol yn adn. 22 a roddir yn nhroednodyn y *BCN*. Roedd ysgrifenyddion yn fwy cyfarwydd â Mathew ac yn ceisio cymhathu testun Marc ag eiddo Mathew o bryd i'w gilydd.

11:27-33 Amau Awdurdod Iesu

Dyma'r awdur yn awr yn cyflwyno cyfres o storïau datgan neu ddadl, gyda dameg y tenantiaid yn eu canol, sy'n tarddu, hwyrach, o'r un casgliad â 2:1-3:6. Y mae'r storïau hyn yn adleisio dadleuon rhwng Iddew a Christion, gyda dywediad o eiddo Iesu yn torri'r ddadl. Gellid honni'n hyderus fod y dywediadau unigol yn ddilys. Fe'u traddodwyd am eu bod yn gyfarwyddiadau allweddol bwysig o eiddo Iesu, er nad yw'r cyd-destun gwreiddiol yn amlwg, a hynny am fod yr eglwys fore wedi addasu'r cyd-destun at ei dibenion ei hun.

Yn sgîl gweithred Iesu yn y Deml gellid disgwyl i'r tri grŵp oedd gyda'i gilydd yn ffurfio'r Sanhedrin herio ei awdurdod. Dyma'r cwestiwn sylfaenol, mewn gwirionedd, i unrhyw un sydd am bwyso a mesur arwyddocâd Iesu a'i weinidogaeth. Ceir dadl debyg yn 3:22-30. Y mae'r darllenydd, wrth gwrs, yn gwybod yr ateb, ac felly ni ddylai'r cyfeiriad at Ioan Fedyddiwr ddrysu'r darllenydd, yn wahanol i gyfoeswyr Iesu.

Y mae'n debyg fod Iesu unwaith eto yng Nghyntedd y Cenedl-ddynion a dyma'r awdurdodau Iddewig yn ei herio. Eu nod yw datgelu ei ddiffyg awdurdod gan na chafodd ei hyfforddi'n rabbi. Cymh. 1:27. Ei ymateb yw taflu cwestiwn yn ôl atynt hwy, dull dadlau oedd yn nodweddiadol o'r rabiniaid. Yma mae'n llwyddo i roi taw ar ei wrthwynebwyr, gan na feiddiant ateb y cwestiwn ynghylch ffynhonnell awdurdod Ioan, yn gyntaf am iddynt wrthod Ioan ac yn ail am fod ofn ymateb y cyhoedd arnynt. Roedd sôn am y 'nefoedd', gyda llaw, yn ffordd gyff-redin o osgoi ynganu enw Duw, am y credid fod hyd yn oed yr enw yn rhy sanctaidd i'w lefaru. Credai'r werin, fel Iesu, fod Ioan yn broffwyd. Cymh. 1:14, 6:14-29, 9:9-13. Rhaid i'r San-hedrin gydnabod nad oes ganddynt ateb, ac felly nid oes raid i Iesu ateb eu cwestiwn hwy chwaith. Byddai'r eglwys fore wedi trysori pob adroddiad am Iesu'n drysu arbenigwyr y Gyfraith Iddewig.

12:1-12 Dameg y Winllan a'r Tenantiaid

Y mae'r adran hon yn peri anhawster i'r rheini sy'n dadlau nad oedd Iesu byth yn bwriadu troi dameg yn alegori. Eu hymateb yw dweud naill ai fod dameg wreiddiol oedd yn rhybudd syml am y gosb a fygythai arweinwyr Israel (y tenantiaid) wedi'i haddasu a'i throi'n alegori neu fod y ddameg hon yn gyfan gwbl eilradd - hynny yw, stori wedi'i dyfeisio gan y gymuned Gristnogol gynnar.

Nid oes amheuaeth nad yw'r ddameg hon yn ei ffurf bresennol yn alegori, gyda'r perchennog yn cyrychioli Duw, y tenantiaid arweinwyr Israel, y negesyddion y proffwydi a'r mab Iesu a'i lofruddiaeth wedyn yn cynrychioli'r groes. Yn yr un modd y Cenedl-ddynion yw'r 'eraill' y trosglwyddir y winllan iddynt. Y mae'r ddelwedd o Israel yn winllan, fodd bynnag, yn hen. Gweler Eseia 5:1ff. Yn wir, ymddengys fod Marc wedi ben-thyca'n helaeth o fersiwn Groeg Eseia 5, sy'n awgrymu fod y fersiwn diweddaraf o'r ddameg yn tarddu o amgylchfyd Groeg ei iaith. Amddiffyn y winllan rhag anifeiliaid gwyllt oedd pwrpas y clawdd, a'r pwll wedyn yn casglu sudd y grawnwin a'r tŵr yn safle gwyliadwriaeth yn ogystal ag yn lloches i weithwyr y winllan.

Y mae'r ddameg yn ddolen gyswllt rhwng y weithred sy'n symboleiddio dinistr y Deml (11:15-19) a'r broffwydoliaeth amdani (13:1-2). Y mae'n adlewyrchu'r elyniaeth gynyddol tuag at Iesu a'r pwysau sydd arno. Gallai Iesu'n hawdd fod wedi llefaru dameg o'r fath ar ryw ffurf neu'i gilydd, ond y mae fersiwn mwy cyntefig efengyl Thomas yn awgrymu mai Marc sy'n gyfrifol am rai o'r manylion alegoriaidd.

Gan fod Iesu'n annerch pobl o'r tu allan i'w gylch mewnol (Cymh. 11:27) mae'n siarad ar ddameg, er bod adn.12 yn dangos fod y gwrandawyr yn deall ergyd y ddameg yn iawn. Roedd llawer o dir Galilea bryd hynny yn eiddo i berchnogion absennol, a hwyrach fod Iesu'n apelio at brofiad cyffredin y werin, hyd yn oed os yw ymddygiad y perchennog a'r tenantiaid, fel ei gilydd, yn annhebygol o ffôl ar yr olwg gyntaf. Efallai fod y tenantiaid yn tybied y byddai ganddynt hawl dan y Torah, a hwythau'n denantiaid mewn meddiant, i etifeddu'r winllan pe bai'r perchennog yn marw heb wneud ewyllys. Ymddiriedwyd y dasg o gasglu rhent yn aml iawn i asiant, fel yn yr achos hwn. Roedd cyfres o 'dri' yn gyffredin mewn storïau poblogaidd o'r fath hefyd.

Cyfeiriad amlwg at groeshoeliad Iesu yw tynged y mab. Er y gallai Iesu fod wedi rhagweld ei farwolaeth, dadl llawer o ysgolheigion yw fod y cyfeiriad hwn yn ychwanegiad eilradd sy'n tarddu o wybodaeth am dynged wirioneddol Iesu. Teflir corff y mab allan o'r winllan - hynny yw, fe'i gadewir heb ei gladdu. Symbol o gosb Israel yw cosb ganlynol y tenantiaid, gyda Iesu'n ateb ei gwestiwn ei hun, fel y mae'r arweinwyr Iddewig yn sylweddoli (adn.12).

Nid yw'r testun prawf am yr atgyfodiad (o Salm 118:22f. Cymh. Act. 4:11, 1 Pedr 2:7) yn briodol yma; llaw olygyddol Marc sy'n gyfrifol amdano. Naill ai'r conglfaen, sef y sylfaen, yw'r maen neu'r maen clo ar ben y bwa. Roedd y ddelwedd yn boblogaidd ymhlith y Cristnogion cynnar, fel y gwelir yn y TN (gweler Rhuf. 9:32f, Eff. 2:20 yn ogystal â'r testunau uchod). Gall fod y testun yn chwarae ar eiriau yn yr Hebraeg gwreiddiol, gan fod y gair am 'faen', *eben* yn debyg i'r gair am 'fab', *ben*. Yr awgrym yw fod Iesu'n ymwybodol (a) o'i statws fel Meseia a (b) o'r ffaith y byddai'n cael ei atgyfodi oddi wrth y meirw mewn buddugoliaeth. Gan fod y werin yn ei gydnabod yn Feseia, yn ôl pob golwg, y mae'r arweinwyr yn ofnus yn ei gylch.

12:13-17 Talu Trethi i Gesar

Dyma'r cyntaf o bedwar hanes sy'n trafod pynciau penodol. Adlewyrchir ynddynt ddadleuon naill ai rhwng Iddew a Christion neu o fewn y gymuned Gristnogol (Cymh. hefyd 11:27-33). Awgrym pellach yw fod y pedwar cwestiwn yn seiliedig ar bedwar cwestiwn y pedwar mab yn *Haggadah* y Pasg. Amlygir awdurdod Iesu ym mhob un o'r hanesion.

Y pwnc dan sylw yma yw talu treth y pen, y dreth a osodwyd ar Jwdea, Samaria ac Idwmea yn O.C. 6 pan sefydlwyd llywodraeth uniongyrchol Rhufain dros yr Iddewon. Roedd y dreth yn hynod o amhoblogaidd ymhlith yr Iddewon a'i hys- tyriai'n sarhad ac yn ffurf ar halogiad. Pan osodwyd y dreth yn wreiddiol fe ysgogodd wrthryfel o dan Jwdas (gweler Act. 5:37). Y dreth hon symbylodd sefydlu plaid y Selotiaid hefyd a'u gwrthryfel yn erbyn Rhufain yn O.C. 68.

Yr her yw i Iesu ddangos ochr. Roedd yr holwyr, sef y Phariseaid a'r Herodianiaid (cefnogwyr teulu Herod), yn sefyll ar ddwy ochr wahanol y ddadl, yn ôl pob golwg. Y mae ymateb Iesu'n glyfar iawn. Ar y naill law, mae'n osgoi tramgwyddo yn erbyn Rhufain ac ar y llaw arall mae'n osgoi'r perygl o golli cefnogaeth y werin. Y mae'n gofyn am ddarn o arian; mae'n amlwg, felly, nad oes ganddo ddarn arian ei hunan. Y mae'r ffaith fod rhywun yn cynnig darn arian iddo yn dangos fod rhai Iddewon yn barod i gyfaddawdu. Dyma Iesu felly'n gwneud y pwynt fod y sawl sy'n trafod arian Cesar o dan ddyletswydd i dalu treth i Gesar. Delw'r Ymerawdwr (Tiberius yn yr achos yma) a'i arysgrif oedd ar y darn arian a byddai hynny'n groes i'r Gyfraith Iddewig; y darn arian, mae'n debyg, oedd y *denarius*, yr union ddarn a ddefnyddiwyd i dalu'r dreth. Roedd y rheini a ddefnyddiai'r darnau arian hyn yn derbyn awdurdod Cesar. Y mae Iesu felly'n troi'r ddadl yn erbyn ei wrthwynebwyr. Roedd eraill, gan gynnwys Iesu ei hun, o bosibl, yn gwrthod trafod y fath arian ac felly'n gwrthod awdurdod Cesar. Nid yw datganiad Iesu yn gyfiawnhad dros athrawiaeth Luther ac eraill am y ddwy deyrnas. Dylid ei ddehongli yng ngoleuni ei gyd-destun gwreiddiol.

12:18-27 Holi ynglŷn â'r Atgyfodiad

Y Sadwceaid, yn briodol iawn, sy'n codi'r ail gwestiwn ynglŷn ag atgyfodiad. Enwad traddodiadol, ceidwadol oedd y Sadwceaid a pherthynai'r prif offeiriaid iddo. Nid oeddynt yn barod i dderbyn dim ond awdurdod y Torah, er bod ganddynt barch tuag at weddill yr Ysgrythurau Hebraeg. Yr hyn a wrthodant oedd y dehongliad diweddarach o'r Torah a gafwyd yn y traddodiad. Yn hyn o beth fe wrthwynebent y Phariseaid. O ystyried hyn oll, gellid disgwyl i'r Sadwceaid wrthod y syniad o atgyfodiad, gan fod y gred honno'n ddatblygiad diweddar ymhlith yr Iddewon.

Yr her y tro hwn yw i Iesu ochri gyda naill ai'r Sadwceaid neu'r Phariseaid, ac ar y cwestiwn yma mae'n sefyll ochr yn ochr â'r Phariseaid. Yn wir, mae'n defnyddio dadleuon y Phariseaid (a seiliwyd ar yr Ysgrythurau) i chwalu dadl y Sadwceaid. Dyma'r unig dro yn yr efengyl i Marc gyfeirio at y Sadwceaid, gyda llaw, er bod y prif offeiriaid yn ymddangos yn gyson. Yn ôl Joseffus, roedd gwrthod credu mewn atgyfodiad yn un o nodweddion arbennig y Sadwceaid, sy'n ceisio chwerthin am ben y fath gred trwy droi'r gred yn hurt.

Roedd yr un broblem (gwraig pwy yw hi?) yn poeni'r Phariseaid, fel mae'n digwydd. Gwraidd y broblem oedd yr arfer o briodas lefiraidd (credid fod marw heb etifedd yn drychineb) a orchmynwyd yn Deut. 25:5-10, er nad oedd yr arfer hwn yn gyffredin iawn yn nyddiau Iesu. Y mae'r achos yma yn ymwneud â saith brawd (nifer traddodiadol. Cymh. Tob. 3:8). Yn ei ymateb y mae Iesu'n trafod (a) dull yr atgyfodiad a (b) atgyfodiad fel y cyfryw.

Roedd y Sadwceaid yn uchelwyr oedd wedi mabwysiadu enw Sadoc, yr Archoffeiriad adeg Dafydd. Y mae eu cyfarchiad 'Athro' yn ffurfiol gwrtais. Eu bwriad, fodd bynnag, yw darostwng Iesu, ond y mae Iesu'n eu trechu trwy herio eu rhagdybiaethau am natur yr atgyfodiad. Nid yw'n ffurf arall ar ein bodolaeth bresennol. Nid yw'r atgyfodedig yn priodi. Y maent fel angylion, yn anfarwol ac yn ddi-ryw! Nid oedd y Sadwceaid yn credu mewn angylion, gyda llaw. Nid oes angen i angylion briodi, fodd bynnag, yn union am nad ydynt yn farwol.

Seilir ail ymateb Iesu (ateb y Phariseaid, gyda llaw) ar ddull rabinaidd o ddehongli Ysgrythur. Dehongliad eilradd yw hwn, yn ôl rhai esbonwyr. Ar sail Ex. 3:6 (noder y ffordd o gyfeirio at y darn sef 'Y Berth') dadl Iesu yw hyn: gan mai Duw y rhai byw yw Duw a chan fod y testun yn sôn am Dduw Abraham ac yn y blaen, mae'n rhaid bod Abraham a'r tadau eraill yn fyw. A hwythau wedi marw, mae'n rhaid eu bod wedi'u hatgyfodi. Defnyddiodd Gamaliel ddadl debyg yn erbyn y Sadwceaid.

Dengys y stori fuddugoliaeth Iesu dros y Sadwceaid, buddugoliaeth a bwysleisir eto yn adn. 27. Roedd Cristnogion a Phariseaid yn gytûn ar fater atgyfodiad. Cymh. safbwynt Paul. Yr unig destun trafod oedd dull yr atgyfodiad. Roedd safbwynt y Sadwceaid, ar y llaw arall, yn herio dilysrwydd y gred ei hun. Hwyrach ei bod yn arwyddocaol nad oes neb yma yn apelio at atgyfodiad Iesu ei hun i dorri'r ddadl unwaith ac am byth.

12:28-34 **Y Gorchymyn Mawr**

Yn wahanol i'r ddau gwestiwn cyntaf, holwr sy'n bleidiol i Iesu sy'n codi'r trydydd cwestiwn yn hytrach na gwrthwynebydd sy'n ceisio ei dwyllo a'i ddarostwng. Roedd yr ysgrifennydd yn arbenigwr ar ddehongli'r Torah. Nid yw Marc yn ei gysylltu ag unrhyw un enwad. Fel pob athro arall, y mae am wybod pa egwyddor arbennig sy'n sylfaen i'r Torah. Hawdd deall ysgogiad y cwestiwn, gan fod y Torah yn cynnwys 248 o orchmynion cadarnhaol a 365 o orchmynion negyddol. Sylfaen y Torah, felly, yw amcan y cwestiwn, nid pa orchymyn yw'r pwysicaf oll.

Yn ôl Marc, Iesu sy'n ateb y cwestiwn, ond yn ôl Lc. 10:27, a ystyrir gan amryw o ysgolheigion yn nes at y gwreiddiol, yr ysgrifennydd ei hun sy'n cynnig ateb. Cyfunir y ddau fersiwn ym Mathew. Cychwyn yr ateb, p'un ai gan Iesu neu'r ysgrifennydd, trwy ddyfynnu'r *Shema*, credo crefydd yr Iddew, sef Deut.6:4ff a gyfunwyd â Deut. 11:13-21 a Num. 15:37-41 yn y *Shema* llawn. Undduwiaeth oedd cred sylfaenol yr Iddew, cred mewn un Duw. Datblygodd y gred hon i gynnwys y ddyletswydd i garu'r un Duw hwnnw ac ochr yn ochr â hynny, ac o bosibl fel ffordd o'i chyflawni, i garu nid yn unig Dduw ond cymydog hefyd (Lef. 19:18) - ystyr 'cymydog' yn y cyd-destun gwreiddiol, gyda llaw, oedd cydgenedl.

Y mae Iesu a'r ysgrifennydd, ill dau, yn cytuno ar y blaenoriaethau hyn. Y mae cariad yn cyflawni'r Gyfraith. Cymh. Jer. 7:22f, Hos. 6:6. Nid oedd Iesu ar ei ben ei hun, gyda llaw, yn crynhoi gofynion y Deg Gorchymyn a'r Torah yn y fath fodd. Dyfynnwyd yr un testunau gan y rabiniaid, Akiba a Hillel, hefyd. Nid yw'n syndod, felly, fod Iesu'n sicrhau'r ysgrifennydd nad yw'n bell o'r deyrnas. Ai ystyr hyn yw bod yr ysgrifennydd wedi methu cael mynediad iddi ynteu ei fod yn nesáu ati? Nid yw'r ateb yn glir.

Y mae'r ffaith fod Iesu a'r ysgrifennydd yn gytûn (am yr unig dro ym Marc) yn arwyddocaol. Efallai bod gennym dystiolaeth yma fod Iesu yn ei gredoau sylfaenol yn nes at ei gyfoeswyr Iddewig nag yr awgrymir gan yr efengylau'n gyffredinol.

12:35-37   Holi ynglŷn â Mab Dafydd

Iesu ei hun, yn arwyddocaol iawn, sy'n codi'r cwestiwn olaf. Iesu sy'n cymryd y cam cyntaf (gwrthgyferbynner Mathew) trwy annerch y dorf, fel yn 3:1-6, ond y tro hwn y mae'r cwestiwn yn ymwneud â chred y rabiniaid fod y Meseia yn tarddu o hil Dafydd. Gallai'r drafodaeth hon adlewyrchu dadlau diweddarach rhwng Iddew a Christion ynghylch yr honiad fod Iesu'n disgyn o hil Dafydd (a'i dras wedi'i holrhain trwy Joseff yn Mathew a Luc), er bod Rhuf.1:3 a thestunau eraill yn cymryd hynny'n ganiataol. Ymddengys, felly, nad oedd fawr o ddadl amdani.

Fel rheol, testun prawf am ddyrchafiad Iesu oedd Salm 110:1 a ddyfynnir yma a'i briodoli i Dafydd yn unol â chred gyffredinol yr Iddewon. Cymh. Act. 2:34-35. Nid yw'n sail i ddadl ynghylch disgynyddiaeth y Meseia, fel arfer. Y mae'r dull yma o ddadlau yn nodweddiadol o'r rabiniaid. Dadansoddir y testun, gan fanteisio ar y gwahaniaeth rhwng Arglwydd = Duw ac Arglwydd = y Brenin i ddadlau nad yw cydnabod Iesu'n Fab Dafydd (= Meseia) yn ddigonol. Yn hytrach, dylid ei uniaethu â'r Arglwydd Dduw, fel Mab Duw yn hytrach na Mab Dafydd (Cymh. Rhuf. 1:3f), gan mai fel Arglwydd yr ymwelodd Iesu â'r Deml. Cymh. Mal. 3:1.

O ystyried y cwestiwn ar lefel fwy arwynebol, y mae Iesu'n gosod pôs ac yn ei ddangos ei hun yn fwy medrus na'r ysgrifenyddion yn eu ffordd nodweddiadol hwy o ddadlau, ac y mae hynny'n plesio'r dorf yn arw.

12:38-40 Cyhuddo'r Ysgrifenyddion

Er ei fod newydd ganmol unigolyn o blith yr ysgrifenyddion (adn.28-34) y mae Iesu yma'n ymosod arnynt. Y maent yn euog o ragrith. Nid ydynt yn malio dim am wir grefydd (caru Duw a charu cymydog); nid ydynt yn anelu at ddim ond dyrchafu eu statws mewn cymdeithas. Daw gau dduwioldeb wedyn yn ffordd i guddio anghyfiawnder. Fel y proffwydi gynt (er enghraifft, Mal. 3:5), y mae Iesu'n condemnio'r rheini sy'n gormesu gwragedd gweddwon.

Roedd hi'n arfer gan yr ysgrifenyddion wisgo'r *tallith* (gwisg uchaf) wrth weddïo, ac fe ddalient i'w gwisgo yn gyhoeddus i wneud argraff ar bobl ar gyfrif eu duwioldeb. Fe'u cyferchid, felly, yn gyhoeddus fel dynion arbennig o ddysgedig. Yn yr un modd, ceisient y seddau mwyaf anrhydeddus mewn cyfar-fodydd cyhoeddus neu ar achlysuron cymdeithasol. Condemnir hyn oll fel rhagrith, gan fod eu gormes ar yr amddifad a gyn-rychiolir yma gan wragedd gweddwon yn dangos nad oeddynt yn caru Duw.

Yn Mth. 23 y mae'r darn hwn yn rhan o ymosodiad estynedig ar yr ysgrifenyddion a'r Phariseaid. Nid yw'r feirniadaeth yn hollol deg ym Mathew nac yma, er y byddai'n taro deuddeg pe bai'n ymosodiad ar y Sadwceaid, plaid yr uchelwyr cyfoethog.

12:41-44 Offrwm y Weddw

Y gair 'gweddw' yw'r ddolen gyswllt â'r stori lle y cyflwynir gwraig weddw yn esiampl o dduwioldeb nodweddiadol yr Iddew. Yn wahanol i'r ysgrifenyddion a'r lleill, y mae'r wraig weddw hon yn rhoi popeth sydd ganddi. Dywed Iesu fod ganddi ddau *lepton*; gallasai fod wedi dewis rhoi un yn unig, ac yn gyfiawn felly. O'i chymharu â'r ysgrifenyddion rhagrithriol dyma wraig wirioneddol dduwiol. Y mae canmoliaeth Iesu i'r wraig hon yn achub y blaen ar ei ganmoliaeth o weithred hunan-aberthol gyffelyb gan wraig arall yn 14:3ff.

Y drysorfa, yn ôl pob tebyg, oedd un o'r tair ar ddeg o gistiau ar ffurf utgyrn a osodwyd o gwmpas Cyntedd y Gwragedd yn y Deml i dderbyn rhoddion. *Lepton* oedd y darn arian lleiaf mewn cylchrediad yng ngwlad Palestina. Y mae Marc yn esbonio wrth ei ddarllenwyr Rhufeinig fod dau *lepton* yn cyfateb i *quadrans;* roedd pedwar *quadrans* yn cyfateb i *assarion* ac 16 o *assaria* wedyn yn cyfateb i *denarius* (cyflog diwrnod); roedd holl eiddo'r wraig weddw, felly, yn cyfateb i un rhan o 64 o gyflog diwrnod.

Y mae'r fformiwla ddifrifol 'Yn wir, rwy'n dweud' (adn. 43) yn awgrymu fod Iesu'n annerch yr eglwys. Efallai mai dameg oedd y stori wreiddiol (ceir storïau tebyg mewn ffynonellau Iddewig) a drawsffurfiwyd i fod yn ddigwyddiad ym mywyd Iesu. Y mae'r wraig weddw hefyd yn achub y blaen ar Iesu'n cyflwyno y cyfan oedd ganddo ar y groes.

13:1-2 Rhagfynegi Dinistr y Deml

Aeth Iesu i mewn i'r Deml yn 11:11. Yma mae'n ymadael â hi. Dolen gyswllt â'r hanes blaenorol, felly, yw'r adnod agoriadol. Efallai bod ei ymadawiad yn symboleiddio hefyd y rhwyg terfynol rhwng Iesu a'r Deml a'i holl weithgareddau. I'r Iddew roedd y Deml yn cynrychioli presenoldeb Duw gyda'i bobl. Roedd y Deml yr ymwelodd Iesu â hi yn adeilad gwych. Fe'i sefydlwyd gan Herod Fawr yn 20 C.C. a'i orffen i bob pwrpas, er gwaethaf sylw In. 2:20, dros y ddeng mlynedd nesaf. Tystia Joseffus yntau, fel y disgyblion yma, i faint aruthrol y meini. Y mae'r sylw yn ysgogi proffwydoliaeth Iesu am ddinistr y Deml. Yn hyn o beth mae'n adleisio'r hen broffwydi - cymh. Jer. 7:14, 26:6, Micha 3:12. Y mae'r broffwydoliaeth yn ddywediad dilys o eiddo Iesu, fel y cadarnheir gan y cyhuddiad diweddarach yn ei erbyn - gweler 14:57f, 15:29. Cyflawnwyd y broffwydoliaeth pan ddifethwyd y Deml â thân a'i llosgi i'r llawr yn O.C. 70. Nid Iesu oedd yr unig un i broffwydo hynny, chwaith, gan y proffwydodd yr athro enwog Yohanan ben Zakkai ddinistr y Deml tua'r un adeg.

13:3-13 **Dechrau'r Gwewyr**

Y mae proffwydoliaeth Iesu'n arwain at araith estynedig, sy'n anghyffredin o ran ei ffurf yn ogystal â'i chynnwys. Dyma'r ymateb i gwestiwn y pedwar disgybl, y rhai sydd wedi bod gydag ef ers dechrau'r weinidogaeth (Gweler 1:16-20, er bod Andreas yn cael ei enwi ar ôl y lleill yma, yn bennaf am fod y tri arall erbyn hyn yn grŵp arbennig - cymh. 9:2, 14:33) a'u cais am arwydd. Fel ym mhen.4, mae'r awdur wedi casglu dywediadau oedd yn annibynnol yn wreiddiol i ffurfio araith, ond yma ni cheir ond un thema - arwyddion diwedd y byd a'i amseriad.

Dichon fod yr araith yn efelychu areithiau ffarwel y traddodiad Hebraeg fel Deut. 32 (Moses), 1 Cron. 28 (Dafydd) neu Testamentau'r Deuddeg Patriarch. Roedd llên apocalyptaidd yr Iddewon hefyd yn ddylanwad ar yr araith; yn wir, gallai fod yn seiliedig ar 'Apocalyps Bach' Iddewig neu Gristnogol-Iddewig a gyfansoddwyd yn wreiddiol adeg ymgais Caligwla i osod delw ohono'i hun fel Sews yn y Deml yn Jerwsalem (y ffieiddbeth) yn O.C. 40. Amcan apocalypteg oedd datgelu cyfrinachau'r diwedd, gan gysuro'r rheini oedd yn dioddef gormes a'u sicrhau y byddai cyfiawnder Duw yn cario'r dydd a'r da yn trechu'r drwg.

Cysylltir y disgwyliad am y diwedd yn agos â chwymp Jerwsalem yma. Os cafodd efengyl Marc ei hysgrifennu yn fuan wedi'r digwyddiad hwnnw, ei fwriad, efallai, oedd taflu dŵr oer ar orfrwdfrydedd ei gyfoeswyr, tra'n rhybuddio pobl i aros yn effro hefyd. Yn sicr, y mae'r bennod hon yn adlewyrchu profiad llawer o'r Cristnogion cynnar, a Paul yn enwedig, o ddioddef gwirioneddol, profiad y byddai Marc yn ymwybodol iawn ohono. Cyflwynir y disgrifiadau o brofiadau hanesyddol go iawn fel proffwydoliaethau a'u cysylltu â'r math o broffwydoliaethau o derfysg cosmig oedd yn nodweddiadol o lyfrau apocalyptaidd fel Daniel a 4 Esra. Yr uchafbwynt wedyn yw *parousia* (= dyfodiad) Mab y dyn (= Iesu), sy'n dynodi diwedd amser a threfn bresennol y bydysawd.

Traddodir y ddysgeidiaeth o'r neilltu, fel sy'n gyffredin nid yn unig ym Marc ond mewn apocalypteg hefyd, er bod yr araith wedi'i chyfeirio at gynulleidfa gyffredinol (gweler adn.14) yn hytrach na'r pedwar disgybl. Fel mewn achosion eraill, mynydd yw lleoliad y datguddiad, sef Mynydd yr Olewydd, a dyma lle disgwylid y farn derfynol (gweler Sech. 14:1ff). Yn wahanol i'w arfer, y mae Iesu'n eistedd i ddysgu. Ac yntau ar ei ffordd i Fethania, byddai'n mwynhau golygfa fendigedig o Jerwsalem o'i eisteddle.

Nid atebir cwestiwn y disgyblion ar unwaith; yn wir, efallai nad oes gan Iesu ateb, a dyna'r ateb (adn. 32)! Ceir rhybuddion mynych sy'n atseinio megis cytgan fod yn rhaid gwylio a chadw'n effro (adn. 5,9,23,33). Yma (adn. 5) rhybuddir i ymochel rhag dilyn gau arweinwyr (Cristnogol? Os dyna ergyd 'yn fy enw i'). Ymddangosodd mwy nag un gau-Feseia Iddewig (er enghraifft, Simeon ben Kosiba, yr olaf ohonynt, yn O.C. 132), ond ni cheir fawr o dystiolaeth fod unrhyw Gristion wedi honni statws Meseianaidd trwy ddefnyddio'r 'Myfi yw' nodweddiadol. Cymh.14:62. Arwyddion barn a dinistr oedd rhyfel, newyn a phla, yn ôl yr hen broffwydi. Yma y mae Marc yn sôn am ryfel fel rhan o gynllun Duw. Cymh. Jer. 4:16f, Sech. 14:2 ac Eseia 19:2. Y mae'n sôn hefyd am newyn, yn ogystal â daeargrynfâu. Cymh. Eseia 13:13, 14:30, Jer. 4:24, Joel 1. Byddai darllenwyr Marc yn cofio'r daeargryn a ddinistriodd Pompeii yn O.C. 62.

Daw hynny â ni at y gyffelybiaeth fod genedigaeth yr oes newydd yn debyg i eni plentyn, delwedd sy'n nodweddiadol o'r proffwydi yn ogystal â'r llên apocalyptaidd. Cymh. Eseia 26:17f; 66:8f, Hosea 13:13, Micha 4:9f. Ar yr un pryd, nid dyma'r diwedd; yn hytrach mae'n arwydd fod y diwedd yn agos.

Profiad go iawn yr eglwys fore sydd y tu ôl i'r adnodau nesaf, ac yn enwedig profiad Paul a ddygwyd gerbron llywod-raethwyr Rhufeinig (Act. 23:24, 25:7ff) a brenhinoedd dan nawdd Rhufain (Act. 25:13ff) ac a gosbwyd yn y synagogau a chan lysoedd barn yr Iddewon (2 Cor. 11:24). Rhoddodd hyn gyfle i Gristnogion ddwyn tystiolaeth (term cyfreithiol) ar ran Iesu yn ogystal â phregethu'r efengyl. Gellid atalnodi'r Groeg i gysylltu'r dystiolaeth â'r Cenhedloedd yn hytrach nag â phregethu'r efengyl, gyda llaw. Pwysleisir mewn mannau eraill y byddai'r Ysbryd Glân yn llefaru ar ran Cristnogion. Cymh. Lc. 12:11-12; 21:14-15. Rhagfynegir ymrannu teuluol (Cymh. Micha 7:6) tebyg yn Q (Mth. 10:34-39 = Lc. 12:52-53). Y mae hyn eto yn adlewyrchu profiad y Cristnogion cynnar, fel y mae'r sylw yn adn.13 y bydd pawb yn eu casáu. Cymh. 1 Pedr 4:14. Daw'r adran hon i ben gydag addewid yr achubir y rheini sy'n dal yn ffyddlon hyd y diwedd (hyd angau? Yn llwyr - hynny yw, yn ddigyfaddawd?).

Un pwynt olaf: dylid nodi strwythur groes adn. 5-23. Ceir datblygiad o'r ddwy adran gyntaf, adn. 5-8 a 9-13, o chwith yn adn. 14-20 a 21-23.

13:14-23 Y Gorthrymder Mawr

Y mae'r araith yn troi ei sylw nesaf at sefyllfa arbennig Jerwsalem a'i thrigolion yn hytrach na phrofiad cyffredinol y gymuned Gristnogol gynnar. Os oedd Marc yn dibynnu ar ffynhonnell apocalyptaidd o eiddo'r Iddewon neu'r Cristnogion Iddewig mae'n debyg fod yr adran hon yn rhan ohoni, er i Farc gymhwyso'r cynnwys at ei ddibenion arbennig.

Sôn y mae'r adran am drallod Jerwsalem, trallod rhyfel yr Iddewon yn erbyn Rhufain, efallai, rhyfel a ddaeth â dinistr i'r Deml yn O.C. 70. Os felly, addaswyd yr adran hon yng ngoleuni'r digwyddiad a byddai hynny'n gymorth i ni ddyddio cyhoeddi'r efengyl ar ôl O.C. 70. Yn anffodus, nid oes yn yr adran ddigon o dystiolaeth ddiamwys i gandarnhau hynny. Yn sicr, y mae Jerwsalem yn wynebu trychineb, a thrychineb

O.C. 70, yn ôl pob tebyg, ond ni chyfeirir yn benodol at warchae Jerwsalem gan y Rhufeiniaid nac at ddinistr y Deml.

Cychwyn yr adran gyda chyfeiriad at Dan.12:11, lle mae'r ymadrodd 'y ffieiddbeth diffeithiol' yn cyfeirio at yr allor i Sews a osodwyd yn y Deml gan Antiochus Epiffanes o Syria yn 168 C.C. Gweler 1 Mac. 1:54, 59. Dyna ysgogodd wrthryfel y Macabeaid. Roedd yr allor yn ffieiddbeth o achos eilun-addoliaeth ac yn ddiffeithiol am iddi arwyddo terfyn ar addoliad y Deml. Os oedd Marc yn defnyddio ffynhonnell, gallai'r ffynhonnell fod wedi benthyca'r ymadrodd i gyfeirio at fwriad (ofer) Caligwla i godi delw ohono'i hun (fel Duw) yn y Deml yn O.C. 40. Os amgen, cododd Marc yr ymadrodd o Daniel i gyfeirio at Titus, cadfridog y Rhufeiniaid buddugol, a'i filwyr yn aberthu gerbron eu baneri yn y Deml.

Y mae'r ymadrodd yn nodweddiadol o iaith gôd apocalypteg, fel yr adlewyrchir yn y gwahoddiad i'r darllenydd ddehongli ei neges. Efallai fod hynny'n dangos fod Marc yn dibynnu ar ffynhonnell ysgrifenedig. Yn yr hyn sy'n dilyn disgrifir amgylchiadau gwarchae, gan bwysleisio'r angen i ffoi ar unwaith. Roedd gan dai yng ngwlad Palestina risiau allanol, fel y gallai'r rheini oedd ar ben y to ddianc yn uniongyrchol. Byddai gweithwyr yn y caeau yn tynnu eu gwisg uchaf, ond yn wahanol i wraig Lot (Gen. 19:26) rhaid iddynt ddianc heb got ac heb edrych yn ôl. Ni allai gwragedd beichiog na mamau plant bach symud yn gyflym, fel y gwelwn heddiw wrth i ffoaduriaid ddianc rhag gormes a pherygl. At hynny, roedd heolydd dan ddŵr yn aml yn ystod y gaeaf; ni allai neb eu tramwyo. Roedd bwyd yn brin hefyd.

Dyfynnir Dan. 12:1 yn adn. 19. Cyfyngir ar hyd y trallod yn unol â chynllun Duw. O Dan.12 y daw'r syniad o grŵp dethol y mae Duw yn drugarog er eu mwyn. Cymh. Salm 105:6, Eseia 65:9. Gallai'r perygl o gau-Feseiâu a gau-broffwydi sy'n arwain Cristnogion ar gyfeiliorn adlewyrchu'r sefyllfa wedi cwymp Jerwsalem, er bod efengyl Marc yn dangos nad oedd dilynwyr

Iesu ei hun yn rhydd o'r perygl hwn. Daw'r adran i ben gyda rhybudd. Cymh. adn.5. 'Arfog a gaffo rybudd!'

13:24-27 Dyfodiad Mab y Dyn

Credai'r Iddewon y byddai cwymp Jerwsalem yn arwydd fod hanes ar fin dod i ben, a threfn natur yn chwalu yn ei sgîl. Yn yr araith hon fe fabwysiedir amserlen digwyddiadau'r diwedd a geir mewn apocalypteg, ac felly yn dilyn y disgrifiad o warchae Jerwsalem cawn ddisgrifiad o'r bydysawd ar chwâl sy'n drwm dan ddylanwad delweddau yr Ysgrythurau Hebraeg. Cymh. Esec. 32:7f, Joel 2:10, 3:15, Amos 8:9. Y mae'r testun yn adn. 24-25 yn gyfuniad o Eseia 13:10 a 34:4. Ceir disgrifiad tebyg yn Dat. 6:12f; 8:10.

Y mae'r testun felly'n sôn am y bydysawd yn chwalu. Wedi hynny, daw'r *parousia*, dyfodiad Mab y dyn fel cennad Duw, fel y dengys y cyfeiriadau at y cymylau, nerth a gogoniant. Galw'r etholedigion ynghyd yw swyddogaeth Mab y dyn (Cymh. y gweddill yn Eseia 11:11; 43:6); hwy yw'r Israel newydd sy'n dod ynghyd o bob cyfeiriad (pedwar pwynt y cwmpawd yw'r pedwar gwynt). Y mae'r cynnull yn ymestyn dros yr holl fydysawd o un pen i'r llall. Braidd yn od yw'r cyfuniad o un pen y ddaear a phen arall y nefoedd yn hytrach na'r ffurf arferol 'o un pen y ddaear/nefoedd i'r llall'. Nid yw Marc yn dweud ym mha gyfeiriad y mae Mab y dyn yn symud. Yn Dan. 7 mae'n mynd at Dduw, ac er gwaethaf y gred y bydd Iesu'n dychwelyd i'r ddaear, yma hefyd y mae Mab y dyn yn mynd at Dduw, yn ôl pob tebyg. Y mae'n mynd â'r etholedigion at Dduw. Dyma sicrwydd, felly, y bydd yr etholedigion yn derbyn gwobr ar y dydd olaf ar ôl eu dioddefaint. Gweler hefyd 8:38.

Awgrym rhai ysgolheigion yw fod Marc wedi llunio'r darn hwn ar sail naill ai'r Ysgrythurau Hebraeg neu ffynhonnell o ryw fath, efallai am eu bod yn awyddus i osgoi cysylltu Iesu â syniadau o'r fath. Camsyniad dybryd yw hynny. Ni ellir amau nad oedd Iesu at ei gilydd yn rhannu syniadau ei gyfoeswyr, ac yn enwedig y gred fod hanes a'r greadigaeth ar fin dod i ben.

13:28-31 Gwers y Ffigysbren

Daw'r araith i ben gyda dwy ddameg sydd braidd yn anghyson â gweddill yr araith. Ymddengys mai neges dameg y ffigysbren yma yw fod dyfodiad Mab y dyn yn arwydd yn hytrach nag yn uchafbwynt. Neges y ddameg wreiddiol, mae'n debyg, oedd fod y deyrnas yn agos. Cymh. Lc. 12:54-56.

Roedd ffigysbren weithiau'n arwydd o lawenydd yr oes Feseianaidd, ond ym mhen.11 fe'i melltithiwyd; gall fod yn gysylltiedig â barn, felly, ond y tro hwn mae'n arwydd o obaith (wedi'r farn) yn hytrach na dinistr yn unig. Yn wahanol i'r rhan fwyaf o goed yng ngwlad Palestina, roedd y ffigysbren yn colli ei ddail; byddai ei ailenedigaeth, fel petai, yn arwydd amlwg o wanwyn/haf. Nid oes sicrwydd beth yw ystyr 'y pethau hyn' yn adn. 29; boed hynny fel y bo, y mae dyfodiad Mab y dyn yn agos, ac yntau 'wrth y drws'.

Yna ceir dywediad difrifol (Yn wir, rwy'n dweud) sy'n debyg i 9:1, gan iddo awgrymu y bydd y diwedd yn dod cyn i gyfoeswyr Iesu farw. Bu llawer o esbonwyr yn ceisio ailddehongli ystyr 'y genhedlaeth hon', ond yr ysgogiad yw gwrthod derbyn fod proffwydoliaeth Iesu heb ei chyflawni. Camsyniad yw hynny hefyd. Y mae'r broffwydoliaeth yn gyson â'r dehongliad fod Iesu'n credu fod y diwedd ar fin dod.

Gosodir awdurdod mawr ar eiriau Iesu yn y sylw olaf, a barnu oddi wrth eiriau tebyg am awdurdod parhaol y Torah yn Mth. 5:18. Cysylltir y darn cyfan o adn.28 i adn.37 gan gyfres o ddolennau cydiol - y pethau hyn (adn. 19 a 30), mynd heibio (adn. 30 a 31), gwylio (adn. 33, 34, 35 a 37) a porth/porthor (adn. 29 a 34). Prif amcan y ddameg yw rhybuddio yn erbyn yr hunanfoddhad a gododd, efallai, yn sgîl gohirio'r *parousia*.

13:32-37 Y Dydd a'r Awr Anhysbys

Down yn olaf at ddarn sydd efallai yn cynnwys ymateb sylfaenol Iesu i'r cwestiwn a ofynnwyd yn adn.4. Nid oes neb yn gwybod amser y diwedd. Nid oes arwydd. Rhaid i'r Cristion, felly, gadw'n effro yn gyson a dyna ergyd y ddameg. Ceir neges debyg mewn damhegion eraill - er enghraifft, y wledd fawr (Lc. 14:15-24), a'r talentau (Mth. 25:14-30 = Lc. 19:11-27). Daw'r diwedd yn ddisymwth.

Y dydd yw dydd y farn. Rhaid bod y cyfeiriad at anwybodaeth y 'Mab' yn ddilys, gan na fyddai'r eglwys am gydnabod y fath anwybodaeth ar ei ran. Efallai bod y dywediad gwreiddiol yn sôn am Fab *y Dyn*. Anaml iawn, os o gwbl, y bydd Iesu'n cyfeirio ato'i hun fel 'y Mab', ond cymh. Mt. 11:27 = Lc. 10:22. Gwahaniaethir rhwng Iesu a Duw mewn modd tebyg yn 1 Cor. 15:28; roedd testunau o'r fath o gymorth i syniadau cyfeiliornus Arius, a'i gred nad oedd Iesu mewn gwirionedd 'o'r un hanfod â'r Tad'.

Prin y byddai gŵr y tŷ wedi teithio yn ystod y nos yng ngwlad Palestina. O ystyried hynny, fersiwn Luc (12:36) sy'n nes at y gwreiddiol, gyda'r gŵr yn dychwelyd o wledd. Y mae pedair gwyliadwriaeth y nos yn cydymffurfio ag arfer y Rhufeiniaid (nid oedd ond tair gan yr Iddewon). Yn ddiddorol, adleisir tair o'r pedair yn hanes y dioddefaint sy'n dilyn (gweler 14:17; 14:72; 15:1), sydd hefyd yn cynnwys adroddiad o'r disgyblion yn cysgu ac felly'n methu cadw'n effro. Anelir y rhybudd ar ddiwedd yr araith, fodd bynnag, nid yn unig at y disgyblion, ond at bawb, gan gynnwys y darllenydd. Yr arwyddair yw 'Gwyliwch'.

14:1-2 Y Cynllwyn i Ladd Iesu

Dyma ddechrau hanes go iawn y dioddefaint, adroddiad estynedig, sy'n cynnwys pen.14 a 15. Daeth yr hanes hwn i fodolaeth yn gynnar iawn, yn ôl pob golwg, yn rhan, efallai, o litwrgi cynnar. Ailadroddid yr hanes i esbonio paham yr oedd Cristnogion yn dod at ei gilydd i dorri bara er cof am Iesu. A Mathew yn dilyn adroddiad Marc, y mae gan Luc draddodiad sy'n ymddangos yn annibynnol, fel sydd gan Ioan. Y syndod yw fod yr adroddiadau gwahanol yn cytuno ar yr hanfodion, er nad ydynt yn cytuno ar fanylion, megis y dyddiad, bob amser. Gellir honni'n hyderus, felly, fod Iesu wedi'i groeshoelio 'dan Pontius Pilat'. Roedd y fath sail i bregethu'r eglwys fore yn embaras gan mai cosb am wrthryfel yn erbyn yr Ymerodraeth oedd y groes; go brin, felly, y byddai Cristnogion wedi dyfeisio hanes am Iesu'n cael ei groeshoelio. Yn wir, bwriad Marc yw cynnig dehongliad diwinyddol fod y groes yn rhan o gynllun Duw yn unol â'r Ysgrythurau yn ogystal ag esboniad hanesyddol mai gelyniaeth yr awdurdodau Iddewig oedd yn gyfrifol. Cymh. 3:6; 11:18 a 12:12.

Wedi dweud hynny, nid gwaith hawdd yw ail-lunio beth yn union ddigwyddodd. Yma, er enghraifft, cawn ddyddiad penodol - 'dau ddiwrnod cyn' y Pasg (15 Nisan), gŵyl flynyddol yr Iddewon oedd yn coffáu'r Ecsodus. Roedd y Pasg hefyd yn dynodi cychwyn wythnos gŵyl y bara croyw. Lleddid ŵyn y Pasg ar 14 Nisan ac fe'u bwyteid mewn gwledd yr un noson yn ôl ein cyfrif ni, ond dyddiad gwahanol i'r Iddewon, gan fod y diwrnod Iddewig yn cychwyn gyda'r nos. A'r croeshoeliad ar ddydd Gwener (y dydd cyn y Saboth), roedd Marc yma yn meddwl am ddydd Mercher, neu hyd yn oed ddydd Mawrth o gyfrif y dyddiau yn ôl arfer Rhufain.

Yn groes i'w arfer rhydd Marc fanylion penodol am amser a lleoliad trwy gydol hanes y dioddefaint, sy'n awgrymu dibyniaeth ar ffynhonnell. Cysylltir yr adnodau hyn ag adn. 10 ac 11, gan nodi gelyniaeth yr awdurdodau, eu hofn rhag y dorf (ystyr yr 'ŵyl' yma, efallai, yw'r dorf) a'u dymuniad i gael gwared â Iesu yn ddirgel, dymuniad a hyrwyddwyd gan Jwdas. Gall cynnig Jwdas esbonio paham y gweithredodd yr awdurdodau yn groes i'w bwriad, a chymryd Iesu yn ystod yr ŵyl. Os amgen, dylid derbyn dyddiad Ioan a dweud fod Iesu wedi'i restio, ei roi ar brawf a'i ddienyddio cyn i'r ŵyl gychwyn. Beth bynnag yw'r esboniad, y mae Marc o'r farn fod popeth sy'n digwydd yn unol â rhagluniaeth Duw. Digwyddodd hyn i gyd, yn ôl Marc, adeg y Pasg. Disgwylid i'r Iddew ddathlu'r Pasg yn Jerwsalem a dyna sy'n esbonio presenoldeb Iesu a'i gyfeillion yn y ddinas.

14:3-9 Yr Eneinio ym Methania

Gwelsom eisoes fod Marc yn hoff o gynnwys un stori rhwng dwy ran un arall. Y tro hwn mae'n cynnwys hanes eneinio Iesu rhwng naill ran y cyflwyniad i hanes y dioddefaint a'r llall. Dilyn Marc y mae Mathew, gan gynnwys yr hanes yma a chysylltu'r eneinio â marwolaeth Iesu a'i gladdedigaeth. Ar y llaw arall, ymddengys y stori mewn cyd-destun gwahanol yn Luc (7:36-50). Cyd-destun gwahanol sydd yn Ioan hefyd, er yn nes at hanes y dioddefaint (12:1-8). Ceir yn Luc ac Ioan amryw o fanylion gwahanol - er enghraifft, fod y ferch yn eneinio traed Iesu yn hytrach na'i ben. O ganlyniad, ymddengys fod gennym yma draddodiad annibynnol a bod Marc wedi'i gynnwys yma i wneud iawn am y ffaith na chafodd corff Iesu ei eneinio. Hwyrach hefyd fod Marc am ddangos fod yr Iesu oedd ar fin cael ei groeshoelio yn 'Frenin yr Iddewon' wedi'i eneinio'n Feseia (= Brenin), er mai merch yn hytrach nag offeiriad sy'n ei eneinio, ac y mae hynny'n anghysondeb diddorol. Efallai fod cysylltiad rhwng y stori hon a hanes y wraig weddw yn 12:41-44, gan fod y ddwy ferch yn rhoi popeth, heb ddal dim yn ôl. Yn In. 12 enwir y ferch yn Mair, chwaer Lasarus. Nid oes ganddi enw yn yr efengylau eraill. Nid oes unrhyw dystiolaeth i gyfiawnhau'r traddodiad mai Mair o Fagdala oedd y ferch. Dehonglir y stori mewn modd gwahanol yn y tri thraddodiad, ond mae'n rhaid bod y tri yn cyfeirio at yr un digwyddiad.

Roedd Iesu'n lletya ym Methania, efallai yn nhŷ Simon a oedd neu oedd wedi bod yn wahanglwyfus. Yn ôl Luc, roedd Simon yn Pharisead. Ni wyddom ragor amdano. Y mae'r ferch yn herio moesau'r gymdeithas trwy dorri ar draws y pryd, gan na chaniateid i ferched fod yno. Eneinid gwahoddedigion y wledd fynychaf gan y gwahoddwr, ond yma y mae'r pryd eisoes wedi cychwyn. Roedd gan ffiol alabastr wddf hir, ond dim clustiau. Fel yma, fe'i defnyddid i ddal perarogl. Y mae'r ferch yn torri'r ffiol ac felly'n defnyddio pob diferyn o'r nard drudfawr a fewnforiwyd o'r India. Roedd hi'n arfer gan yr Iddewon dorri'r ffiol adeg eneinio'r meirw hefyd.

Mewn gwrthgyferbyniad â haelioni'r ferch, y mae'r cwmni (y disgyblion yn ôl Mathew) yn ddig at y fath wastraff. Roedd cost yr ennaint yn cyfateb i gyflog blwyddyn, ac felly'n ddrud tu hwnt. Ni ddylid defnyddio sylwadau Iesu am y tlodion i gyfiawnhau anwybyddu'r tlodion. Sail dadl ei feirniaid oedd y Torah a'i dysgeidiaeth ar elusen. Cymh. 10:21. Pwynt Iesu, felly, yw fod ymateb iddo ef yn bwysicach na dilyn defodau'r Gyfraith. Daw prif ergyd Marc yn ei gyfeiriad at gladdedigaeth Iesu, gyda dywediad difrifol (Yn wir, rwy'n dweud) yn dilyn, sy'n dangos fod gweithred y ferch yn rhan o'r efengyl Gristnogol; ar y ffurf arbennig yma ni ellir priodoli'r dywediad i Iesu gan fod yr eirfa yn nodweddiadol o'r eglwys. Er nad oes cofnod o'i henw, y mae gweithred y ferch yn rhan o'r newyddion da.

14:10-11 Jwdas yn Cydsynio i Fradychu Iesu

Parhad o adn. 1-2 yw'r adnodau hyn. Ni ellir amau na fradychwyd Iesu gan Jwdas, un o'i ddilynwyr. Go brin y byddai'r eglwys wedi dyfeisio hynny. Cyfeirio yn ôl at 3:16-19 y mae'r sylw fod Jwdas yn un o'r 'deuddeg'. Traddodir Iesu - hynny yw, fe'i bradychir, er bod awgrym yma eto mai Duw sy'n ei draddodi. Ni chofnodir y swm o arian a addawyd ym Marc, yn wahanol i Mathew. Nid arian yw'r cymhelliad (gwrthgyfer-bynner Mt. 26:15 ac In. 12:6). Nid oes angen cymhelliad ym Marc, gan fod Jwdas yn rhan o gynllun Duw. Yn ôl damcaniaeth arall, roedd Jwdas yn genedlaetholwr wedi'i ddadrithio. Hwyrach nad oedd Marc na'r eglwys yn gwybod paham y bradychodd Jwdas ei feistr nac yn wir pa wybodaeth a drosglwyddodd i'r awdurdodau. Os bradychu pwy neu ym mhle'r oedd Iesu a wnaeth, gellid tybio nad oedd Iesu'n adnabyddus yn Jerwsalem. Sut bynnag, daeth y cyfle i fradychu Iesu y noson ganlynol (nos Iau, ar ôl gwledd y Pasg, yn ôl Marc, ac felly ar 15 Nisan).

14:12-21   Gwledd y Pasg gyda'r Disgyblion

Daw barn Marc fod y Swper Olaf yn wledd Pasg yn amlwg iawn yn y darn hwn. Yn wir, onibai am y darn hwn ni fyddai'n amlwg o gwbl. Dathliad blynyddol o waredigaeth Israel o'r Aifft gan Dduw trwy law Moses oedd y Pasg ac fe'i dethlid ar 15 Nisan. Prif fwyd y wledd oedd oen neu fyn gafr blwydd oed a aberthid yn y Deml brynhawn 14 Nisan yn union cyn y wledd. Dyddiad y wledd, felly, oedd 15 Nisan, gan fod diwrnod yr Iddew yn cychwyn ar fachlud haul.

Yn ôl efengyl Ioan, y mae marwolaeth Iesu yn cyd-ddigwydd â lladd yr ŵyn, ac felly ni allai'r pryd fod yn wledd Pasg. Barn ysgolheigion genhedlaeth yn ôl oedd fod Ioan wedi newid yr amserlen am resymau diwinyddol (i gyflwyno Iesu'n oen y Pasg. Cymh. 1 Cor. 5:7), ond barn ysgolheigion cyfoes yw fod gan Marc yntau gymhellion diwinyddol dros newid y dyddiad, sef troi'r Swper Olaf yn wledd Pasg.

Dathliad i'r teulu oedd y Pasg, gyda merched yn bresennol. Nid yw hynny'n wir am y Swper Olaf ym Marc. Y mae'r ffeithiau a ganlyn yn gyson â'r Pasg: bod hi'n hwyr (adn. 17); defnyddio gwin yn hytrach na dŵr (adn. 23-25); lledorwedd wrth y bwrdd (adn. 18); canu emyn (adn. 26); dehongli'r gweithredoedd (adn. 22-25); Iesu a'i gyfeillion yn aros dros nos yn y ddinas (adn. 26). Ar y llaw arall, nid oes sôn am rai o nodweddion canolog y Pasg, yn enwedig yr oen, llysiau chwerw nac unrhyw gyfeiriad at yr Ecsodus.

Yn ôl rhai ysgolheigion, y mae'r ddau ddyddiad yn gywir gan fod carfannau gwahanol ymhlith yr Iddewon yn dilyn calendrau gwahanol, ond nid yw hynny'n debygol gan y byddai'r calendar swyddogol yn penderfynu'r dyddiad yn Jerwsalem. Dylid nodi hefyd fod yr eglwys fore yn dathlu Swper yr Arglwydd (er cof am y Swper Olaf) yn wythnosol, os nad yn feunyddiol, tra bod y Pasg yn ŵyl flynyddol. Rhwng popeth, felly, mae'n debyg fod Ioan yn nes at y gwir hanesyddol. Byddai hynny'n osgoi'r anhawster anorchfygol bron fod Iesu wedi'i ddal a'i roi ar brawf yn ystod yr ŵyl.

Awgrymir fod adn. 12-16 yn tarddu o ffynhonnell arbennig (gelwir y deuddeg yn 'ddisgyblion' yma yn hytrach na'r deuddeg, fel yng ngweddill y stori) oedd yn ceisio cysylltu'r Swper Olaf â'r Pasg. Os amgen, lluniodd Marc yr adran hon ar batrwm 11:1-7, gan fod cryn dipyn o debygrwydd rhwng y ddwy adran, gan gynnwys yr union eiriad (Cymh. adn. 13 a 11:1f).

Ceir cymysgedd od o ddyddiadau yn adn.12. 15 Nisan oedd dydd cyntaf y bara croyw, ond ar 14 Nisan y lleddid yr ŵyn; gallai'r ddau fod ar ddydd Iau, yn ôl cyfrif y Gorllewin. Byddai dyn yn cario ystên o ddŵr yn olygfa hynod, gan mai poteli croen a ddefnyddid fel arfer. Gallai hyn fod yn arwydd a drefnwyd ymlaen llaw neu'n fodd i bwysleisio gwybodaeth oruwchnaturiol Iesu. Wrth gyfeirio at 'fy ystafell', mae'n debyg fod Iesu'n golygu 'a fwriedwyd i mi'. Bu'n rhaid i'r rhan fwyaf o ymwelwyr drefnu i logi neu fenthyca ystafell ar gyfer y Pasg. Byddai'r paratoadau, fel arfer, yn canolbwyntio ar rostio'r oen.

Y mae ail ran yr adran (adn. 17-21) yn trafod proffwydoliaeth fanwl Iesu o'i fradychu a gyflwynir â'r geiriau difrifol 'Yn wir, rwy'n dweud'. Y cyd-destun yw'r swper. Byddai'r Iddewon yn lledorwedd wrth y bwrdd adeg y Pasg fel arwydd o'u rhyddid. Pwysleisir mai un o'i gyfeillion, un oedd yn rhannu cymundeb wrth y bwrdd, fradychodd Iesu, hwyrach i gyflawni Salm 41:9, er ei bod yn amlwg nad yw'r peth yn syndod i Iesu. Syndod,

fodd bynnag, yw ymateb y deuddeg. 'Na' yw'r ateb a ddis-
gwylir gan ffurf eu cwestiwn. Roedd defnyddio dysgl gyffredin
adeg y Pasg, fel ar adegau eraill, yn arwydd allanol o
gydberthynas agos cymundeb y bwrdd bwyd.

Y mae Iesu'n esbonio fod ei fradychu a'i farwolaeth yn unol ag
ewyllys Duw (= yr Ysgrythurau), ond nid yw hynny'n rhyddhau
ei fradwr o'i fai. Yn wir, y mae cosb ofnadwy yn ei ddisgwyl.

14:22-26   Sefydlu Swper yr Arglwydd

Nid yw'n syndod fod yr adran hon dan ddylanwad arfer yr
eglwys fore o'r Ewcharist neu Swper yr Arglwydd gan mai
dyma darddiad y ddefod. Cadarnheir pwysigrwydd canolog y
ddefod yn yr eglwys fore gan Paul yn 1 Cor. 11:23-26 yn ogystal
â Mth. 26:26-29 (yr un traddodiad â Marc) a Lc. 22:17-20
(traddodiad gwahanol). Cysylltir y ddefod yn agos â
marwolaeth Iesu; mae'n fath ar goffadwriaeth, felly, hwyrach ar
batrwm gwledd y Pasg. Roedd hefyd yn gymundeb, pryd
cyfeillgarwch, fel y prydau a rannwyd gan Iesu a'i ddilynwyr
droeon. Cymh. y gwyrthiau porthi a 'thorri bara' yn yr Actau.

Ymddengys mai adn. 22 yw'r cyflwyniad i'r wledd, er bod
adn. 18 yn gyflwyniad hefyd; efallai bod dau adroddiad wedi'u
cyfuno. Ystyr bara yma yw'r dorth. Fel rheol, byddai llywydd
pryd Iddewig (y penteulu) yn bendithio (= diolch) Duw am y
bwyd ac wedi'r fendith yn ei ddosbarthu, fel y gwna Iesu yma.
Trwy gymundeb â Iesu daw ei ddilynwyr yn gorff Crist, chwedl
Paul. Dyma un dehongliad o 'Hwn yw fy nghorff'. Gallai, fodd
bynnag, gyfeirio at y corff (llythrennol) a dorrir ar y groes
(byddai 'hwn' wedyn yn dynodi'r weithred o dorri bara).
Byddem yn disgwyl 'cnawd' yn hytrach na 'chorff' (=
personoliaeth), fel sydd yn In. 6:53. Byddai hynny'n cyfiawnhau
dehongli'r weithred fel aberth; lladd Iesu yw'r weithred aberthu
ac Iesu ei hun yw'r aberth.

Ni fyddai'r Iddew'n yfed gwin ond ar achlysuron arbennig.
Yma fe uniaethir y gwin â gwaed a gwahoddir y disgyblion i'w

yfed. Byddai'r fath syniad yn ffiaidd i'r Iddew gan mai Duw yn unig oedd â'r hawl i yfed gwaed. Cymh. Gen. 9:4, Lef. 17:10ff. Rhoddir yr hawl i'r disgyblion, felly, efelychu Duw. Adferir paradwys gyda selio'r cyfamod newydd. Yn wreiddiol, efallai na uniaethodd Iesu'r gwin â gwaed fel y cyfryw, ond cyfeirio, fel y gwnaeth Paul, at y cyfamod a seliwyd yn 'fy ngwaed' (= angau). Dyma gefnogaeth bellach i'r dehongliad fod marwolaeth Iesu'n aberth a'r gred fod Swper yr Arglwydd ar ryw ystyr yn aberth hefyd.

Y mae'r wledd yn cyfeirio at y dyfodol hefyd, gan achub y blaen ar ddyfodiad teyrnas neu frenhiniaeth Dduw. Pwysleisir hyn mewn dywediad difrifol o eiddo Iesu sy'n frith o ymadroddion Semitaidd - er enghraifft, ffrwyth y winwydden - ac felly'n ddilys yn ôl pob golwg. Y mae'r disgyblion yn cael rhagflas o'r wledd Feseianaidd. Cymh.Eseia 25:6, Dat. 19:9.

Yr *Hallel* (Salmau 113-118) neu ran ohono oedd yr emyn, mae'n debyg. Dyma'r cwmni wedyn yn symud i Fynydd yr Olewydd oedd o fewn Jerwsalem fawr. Arhosant, felly, yn ôl gofynion y Torah, yn Jerwsalem noson y Pasg. Cymh. Deut. 16:7.

14:27-31 Rhagfynegi Gwadiad Pedr

Proffwydoliaeth Iesu cyn swper oedd y byddai un o'i gyfeillion yn ei fradychu; wedi'r swper dyma broffwydoliaeth am un arall (Pedr) yn ei wadu, sy'n dystiolaeth bellach i ragwybodaeth Iesu. Nid oes dim yn ei synnu. Gwelwn hefyd fod y cyfan sy'n digwydd yn unol â'r Ysgrythurau. Er bod dangos diffygion y disgyblion yn nodweddiadol o Farc, go brin fod gwadu Pedr yn ffug, ac yntau'n un o arwyr yr eglwys fore.

Dywedir fod diffyg teyrngarwch y disgyblion yn cyflawni Sech. 13:7 a fabwysiadwyd yn destun prawf marwolaeth Iesu efallai. 'Taro' sydd yn y testun gwreiddiol, ond 'trawaf' a geir ym Marc, sy'n pwyslesio mai Duw sy'n rheoli ac felly'n esgusodi ymddygiad y disgyblion i ryw raddau. Y mae'r dywediad am Galilea yn achub y blaen ar 16:7, a llaw olygyddol Marc sy'n gyfrifol am hynny, mae'n debyg. Bydd Iesu naill ai'n arwain y disgyblion yn ôl i Galilea neu'n cyrraedd Galilea o'u blaenau.

Er bod Pedr yn ei ystyried ei hun yn rhagorach na'r lleill, mae'n dal i siarad drostynt. Ond dyma Iesu'n proffwydo ei gwymp mewn dywediad difrifol. Ni chaniateid cadw ceiliogod yn Jerwsalem bryd hynny; y mae Marc wedi camddeall cyfeiriad at sain yr utgorn ar ddiwedd trydedd wyliadwriaeth y gwarchodlu Rhufeinig yng nghaer Antonia. Er gwaethaf ymateb cryf Pedr, cyflawnwyd geiriau Iesu yn fuan iawn (14:66-72). Y mae'r hanes hefyd yn rhybuddio'r eglwys fore yn erbyn gorhyder.

14:32-42   Y Weddi yn Gethsemane

Yn ei ffurf bresennol y mae'r adroddiad yn peri anhawster. Er i Iesu ddychwelyd deirgwaith, nid yw'n mynd i ffwrdd ond ddwywaith. Anos byth yw'r cofnod o eiriau Iesu a'i ymddygiad pan nad oedd unrhyw dyst. Eto i gyd, ni ddylid gwadu sail hanesyddol y stori gan iddi ddangos (a) gwir ddyndod Iesu (Cymh. Heb. 5:7, In.12:27; 14:31; 18:11) a (b) gwendid y disgyblion a'u hanwadalwch. Yn wir, barn rhai esbonwyr yw fod Pedr wedi adrodd y stori wreiddiol yn ei erbyn ei hun. Iesu, fodd bynnag, sy'n mynd â'r prif sylw, a'i arswyd gwirioneddol wrth wynebu ei dynged, er i'w ffydd yn Nuw ei gynnal yn y pen draw.

Gethsemane i'r dwyrain o ddyffryn Cidron ar lethrau isaf Mynydd yr Olewydd yw'r lleoliad. 'Gwasg olew' yw ystyr yr enw, sy'n dynodi llwyn olewydd efallai. Mynydd yr Olewydd sydd yn Lc. 22:39, tra bod In. 18:1 yn cyfeirio at 'ardd' heb ei henwi. Nid yw'r ymadrodd 'gardd Gethsemane' yn ymddangos yn yr efengylau.

Dewisir y grŵp mewnol o dri i fynd gyda Iesu, fel ar adegau eraill. Cymh. 5:37; 9:2. A hwythau'n dystion i'r gweddnewidiad, disgwylid iddynt wrthsefyll y prawf, ond methu'n llwyr y maent. Amlygir dyfnder gwewyr meddwl Iesu yn adn.33. Yn sicr, nid goruwchddyn mohono! Adleisir Salmau 43 a 44, sy'n awgrymu fod hyd yn oed angau'n well na'r fath ddioddef.

Pwysleisir yr angen i wylio, prif thema pen.13, yma hefyd, gyda gweddi Iesu'n adleisio Gweddi'r Arglwydd ei hun. Daw ei gyfyng gyngor yn amlwg wrth iddo syrthio i'r llawr. Y mae am ddianc, ond ar yr un pryd yn dangos ffydd plentyn yn Nuw ac yn ei alw'n *Abba* (Cymh. Rhuf. 8:15, Gal. 4:6), gair Aramaeg am 'dad', fel y dywed Marc. Byddai plentyn yn cyfarch ei dad daearol yn *Abba*; roedd felly yn derm cyfarwydd, agos-atoch. Y mae'n amlwg fod Iesu'n ymwybodol fod Duw yn dad iddo, a chan i Paul ddefnyddio'r un term mae'n debyg fod Iesu wedi dysgu ei ddilynwyr i feddwl am Dduw yn yr un ffordd agos-atoch.

Cymherir dioddef i yfed cwpan. Cymh. 10:38 â Salm 75:8, Jer. 25:15. Ar ei ddychweliad y mae Iesu'n ceryddu Pedr yn arbennig; mae'n ei alw'n 'Simon' (Cymh. In. 21:15-17), sy'n awgrymu fod Pedr wedi mynd yn ôl i'w hen ffordd o fyw. Rhaid i'r disgyblion wynebu'r prawf (adlais arall o Weddi'r Arglwydd), sef y prawf eschatolegol sy'n rhagflaenu barn. Craidd y broblem, fodd bynnag, yw gwendid y cnawd, beth bynnag sy'n wir am benderfyniad yr ysbryd. Rhoi pwyslais yw amcan y sgwrs driphlyg. Cymh. gwadu triphlyg Pedr.

Ni wyddys beth yw gwir ystyr sylw olaf Iesu a gyfieithir 'Dyna ddigon'. Awgrymir cyfieithiad gwahanol yn nhroednodyn y *BCN* (tarddiad y cyfieithiad 'Dyna ddigon' yw'r Fwlgat Lladin). Ymgais yw'r darlleniad arall i wneud synnwyr o ymadrodd tywyll. Yn olaf, dyma Iesu'n atgoffa'i gyfeillion fod ei fradwr yn ymyl. Y Cenedl-ddynion yw'r 'dynion pechadurus' (roedd yr Iddew yn ystyried pob Cenedl-ddyn yn bechadur). Gwrthodwyd erfyniad dwys Iesu, felly. Rhaid iddo gyflawni'r hyn a fynn Duw oddi wrtho. Y mae'n penderfynu codi ac wynebu dioddefaint (Codwch ac awn). At hynny, ei weledigaeth oruwchnaturiol sy'n hoelio ein sylw eto wrth iddo synhwyro fod y bradwr ar fin cyrraedd.

14:43-50 **Bradychu a Dal Iesu**

O hanes restio Iesu ymlaen ceir mwy o gytundeb rhwng Ioan a'r efengylau cyfolwg, sy'n awgrymu fod traddodiad gwreiddiol hanes y dioddefaint wedi cychwyn yma. Calon yr adroddiad yw adn.43-46; wedi hynny cawn ddarnau o draddodiad sy'n pwysleisio cyflawni'r Ysgrythur ac yn adrodd hanes torri clust gwas yr Archoffeiriad.

Dichon fod sail yr adroddiad yn hanesyddol. Cyflwynir Jwdas eto fel 'un o'r deuddeg' (Cymh. adn. 10, 18, 20), fel pe bai'n ymddangos am y tro cyntaf. Y mae ei gyfeillion (y dorf) yn debycach i ddihirod nag i fintai swyddogol, er mai'r Sanhedrin a'u hanfonodd. Yn In. 18:3 mintai swyddogol, gan gynnwys milwyr Rhufeinig, sy'n restio Iesu.

Roedd Jwdas wedi trefnu rhoi arwydd a fyddai'n gymorth i adnabod Iesu, sef cusan. Dyma'r ffordd arferol i ddisgybl gyfarch rabbi (noder cyfarchiad Jwdas hefyd). Y mae'r angen i adnabod Iesu'n awgrymu eto nad oedd yn adnabyddus yn Jerwsalem; os amgen, roedd angen arwydd oherwydd y tywyllwch.

Dilynir y restio gan sgarmes. Ym Marc nid oes unrhyw awgrym fod disgyblion Iesu'n rhan ohoni, er i In. 18:10f ddweud mai Pedr sy'n gyfrifol - go brin y byddai Marc wedi hepgor hynny pe bai'n gwybod amdano. Enwir y gwas hefyd yn Ioan. Yn yr efengylau eraill y mae Iesu'n dwrdio'r ymosodwr, ond yma mae'n ei anwybyddu fwy neu lai. At hynny, ceryddir y rheini sy'n cymryd mantais o'r tywyllwch i restio dyn oedd yn pregethu'n agored liw dydd (cyfieithiad arall o'r ymadrodd 'beunydd'). A Iesu wedi'u galw'n lladron (11:17), dyma Iesu ei hun yn cael ei drafod fel lleidr (gwrthryfelwr, efallai).

A barnu oddi wrth y sylw amdano'n dysgu'n gyson yn y Deml, roedd Iesu wedi bod yn Jerwsalem am fwy o amser ac yn amlach nag yr awgrymir gan Marc. Pwysleisir cyflawni'r Ysgrythurau eto - yn gyffredinol yn hytrach na thestun arbennig. Cyflawnir hefyd broffwydoliaeth Iesu ei hun y

byddai'r disgyblion yn ffoi, sy'n tanlinellu unigrwydd cynyddol
Iesu.

14:51-52   Y Dyn Ifanc a Ffodd

Tipyn o ddirgelwch yw'r ddwy adnod hon sy'n unigryw i Marc.
Nid oes dim o sylwedd ynddynt nac unrhyw neges ddi-
winyddol chwaith. Nid oes neb yn gwybod pwy yn union oedd
y gŵr ifanc, er i rai awgrymu mai Marc ei hun yw ef a bod yr
awdur wedi cynnwys darn o hunangofiant, fel petai. Efallai bod
yr awdur yn ceisio dangos fod ganddo dystiolaeth llygad-dyst.
Dyfalu yw hyn oll, fodd bynnag, er i ni gytuno fod gennym atgof
hanesyddol yma. Ymddengys nad oedd y gŵr ifanc yn ddisgybl
a hwyrach fod yr awdur am bwysleisio fod y gŵr ifanc yn dal i
ddilyn Iesu wedi i'r disgyblion ffoi. Awgrym arall yw fod yr
hanes yn seiliedig ar Amos 2:16, gydag adlais o Gen. 39:12 hefyd.
Neu eto efallai fod y gŵr ifanc hwn mewn gwisg liain yn achub
y blaen ar y gŵr ifanc yn y bedd gwag (16:5). At hynny,
awgrymir fod yr hyn a wnaeth yn efelychu'r tröedig oedd yn
diosg ei wisg ar gyfer bedydd. Ond dyfalu gwyllt yw'r awgrym
hwn hefyd.

14:53-65   Iesu gerbron Sanhedrin

Bwriad Marc wrth adrodd yr hanes am brawf/profion Iesu oedd
dangos fod Iesu'n ddieuog ac wedi dioddef o ganlyniad i elyn-
iaeth afresymol yr awdurdodau Iddewig, er bod y Rhufeiniaid,
sef Pilat, yn dymuno peidio â'i ddienyddio, ond bod popeth
wedi digwydd yn unol ag ewyllys Duw a ddatgelwyd yn yr
Ysgrythurau. Er hynny, o'i ystyried o safbwynt yr hanesydd y
mae hanes Marc o brawf Iesu gerbron yr Iddewon yn codi
problemau dyrys.

Yn ôl adn. 53 y Sanhedrin roddodd Iesu ar brawf. Goruchaf
Lys yr Iddewon oedd y Sanhedrin, gair a fenthycwyd o'r Groeg,
gyda llaw. Roedd 71 o aelodau, gyda chworwm o 23, yn eistedd
dan lywyddiaeth yr Archoffeiriad. Er bod y dystiolaeth am ei

weithgareddau yn dod o gyfnod diweddarach, gellir honni'n hyderus fod angen i ddau dyst fod yn gytûn yn eu tystiolaeth (Deut. 17:6, Num. 35:30), a bod y Sanhedrin yn rhoi mantais o unrhyw amheuaeth i'r diffynnydd. A dyfarniad o euog yn debygol, ni chaniateid ei draddodi ar unwaith; gohiriwyd yr achos tan y diwrnod canlynol. Ni chaniateid cynnal llys gyda'r nos nac ar y Saboth nac ar ddyddiau gŵyl chwaith.

Yn yr achos yma nid yw'n glir beth yn union oedd y cyhuddiad. Y Rhufeiniaid gondemniodd Iesu i farwolaeth yn y diwedd am drosedd gwleidyddol, sef honni mai ef oedd y Meseia. Dyna ergyd cwestiwn yr Archoffeiriad (adn. 61), mae'n debyg, ond ni fyddai hynny'n drosedd mewn llys *Iddewig*; nid yw'n gabledd chwaith (adn. 64). Mewn achos o gabledd llabyddio oedd y gosb (Lef. 24:10-16), er nad yw'n sicr a oedd gan yr Iddewon dan reolaeth uniongyrchol Rhufain awdurdod i weithredu'r gosb eithaf, ond gweler Act.6-7 (Steffan).

Diflannu y mae rhai o'r anawsterau o dderbyn nad prawf swyddogol mohono, ond ymchwiliad anffurfiol. Dyna dyst-iolaeth efengyl Ioan, sy'n honni mai Annas, tad-yng-nghyfraith yr Archoffeiriad Caiaffas (nid yw Marc yn enwi'r naill na'r llall, gyda llaw), oedd yn llywyddu. Y tebygolrwydd yw fod grŵp o Iddewon blaenllaw, ond nid y Sanhedrin fel y cyfryw, wedi holi Iesu er mwyn paratoi achos i'w ddwyn gerbron Pilat. Pilat wedyn fyddai'n cael y bai am ei ddienyddio.

Ymddengys mai yn nhŷ'r Archoffeiriad y cynhaliwyd y prawf yn hytrach nag yn neuadd y Sanhedrin. Anghyfreithlon oedd hynny hefyd. Y mae Pedr yn dal i ddilyn, er o hirbell (efallai i bwysleisio'r pellter rhyngddynt). Yn wir, a hanes gwadiad Pedr yn sefyll o bobtu hanes y prawf, cawn yr argraff fod dau brawf Iddewig, y naill yn answyddogol a'r llall yn swyddogol. Byddai tŷ'r Archoffeiriad wedi'i godi o gwmpas cyntedd canolog. Daw cadarnhad yn y cyfeiriad at y tân yn y cyntedd mai gyda'r nos y safodd Iesu ei brawf.

Pwysleisir ddwywaith gan Marc fod Iesu'n dioddef gan gaudystion er na cheir cytundeb rhyngddynt. Sail y cyhuddiad yw ei agwedd at y Deml. Fe'i cyhuddir o siarad yn erbyn y Deml, gan broffwydo ei dinistr. Cymh. 13:2 a In. 2:19, sy'n dangos fod Marc yn cytuno â Ioan, fwy neu lai, a thystiolaeth y ddwy efengyl yn seiliedig ar ddywediad gwreiddiol Iesu. Ymateb Iesu yw cadw'n ddistaw, sy'n brawf pellach nad yw'n euog (Cymh. Salm 38:13f, Eseia 53:7).

Y mae newid cyfeiriad holi'r Archoffeiriad yn ddirybudd. Ni fyddai'r Archoffeiriad, ac yntau'n llywydd, yn holi cwestiwn o'r fath, fel rheol. Asgwrn y gynnen yw fod Iesu'n honni ei fod ef yn Feseia ac yn Fab Duw, sy'n gyfystyr yma, mae'n debyg. Cwbl wahanol yw ymateb cadarnhaol Iesu yma i'w ymateb yn yr efengylau cyfolwg eraill. Y canlyniad yw fod yr Archoffeiriad i bob pwrpas yn cyhoeddi Iesu'n Feseia, ond dengys ei ymateb (rhwygo'i ddillad, sy'n arwydd o alar) mai gwrthod Iesu y mae. Efallai fod y rhwygo'n achub y blaen ar hanes llen y Deml hefyd.

Ar y llaw arall, dyma Iesu'n mynd yn ei flaen, fel yng Nghesarea Philipi, i sôn am Fab y Dyn, gan gyfuno dau dra-ddodiad: dyrchafael Mab y Dyn a'i orseddu (o Salm 110:1) a dyfodiad Mab y Dyn ar gymylau'r nef (o Dan. 7:13). Gallai Mab y Dyn fod yn mynd at Dduw yn hytrach nag yn dod i'r ddaear, er bod sôn am un sy'n eistedd yn symud ar yr un pryd braidd yn lletchwith.

Nid oes cyfiawnhad dros y cyhuddiad o gabledd, gan nad yw Iesu wedi ynganu enw Duw. Fel yr Archoffeiriad, mae'n cyf-eirio'n anuniongyrchol at Dduw fel 'y gallu'. Efallai yr ystyrir y datganiad 'Myfi yw' yn gabledd. Sut bynnag, dyfarniad unfrydol y Sanhedrin yw fod Iesu'n euog ac yn haeddu'r gosb eithaf. Goruchaf Lys yr Iddewon, felly, sy'n condemnio Iesu i farwolaeth, yn ôl Marc.

Annhebygol iawn yw'r honiad fod aelodau'r Sanhedrin wedi poeri ar Iesu a'i waradwyddo. Y gweision wnaeth hynny, mae'n debyg. Yn wir, efallai bod adn.65 yn rhan o adroddiad restio Iesu yn wreiddiol. Fe'i gwatwerir fel gau-broffwyd (cosb gau-broffwyd oedd dienyddiad - gweler Deut. 18:20). Ceir adlais yma o Eseia, ac yn enwedig Eseia 50:6 a ddyfynnir fwy neu lai ar y diwedd.

14:66-72 Pedr yn Gwadu Iesu

A Iesu newydd wynebu'r prawf yn y llys a dod trwodd yn ddi-fai, neges yr adroddiad hwn yw fod Pedr, ar y llaw arall, yn methu gwrthsefyll y prawf. Y mae'n gwadu Iesu deirgwaith, yn union fel y methodd ef a'i gyfeillion aros yn effro a gwylio yng Nghethsemane. Cyflawni proffwydoliaeth Iesu yn adn.29-31 y mae anffyddlondeb Pedr. Y mae'n rhybudd hefyd i genedlaethau Cristnogol sydd i ddod am berygl gwrthgiliad, er bod yna gysur yma hefyd gan yr adferir Pedr (yn ôl In. 21:15-19 fe'i hadferwyd deirgwaith hefyd) i godi'n un o arweinwyr yr eglwys fore, os nad yr arweinydd pennaf yn achos Rhufain, cartref tebygol Marc a'i ddarllenwyr.

Efallai bod yr hanes yn seiliedig ar un o atgofion Pedr; sut bynnag, nid oes reswm i amau ei ddilysrwydd hanesyddol. Adroddir yr hanes ym mhob un o'r pedair efengyl. Y mae'r gwadu'n dwysáu bob tro, naill ai o safbwynt nifer y tystion neu o safbwynt y pwyslais. A Pedr yn sefyll yn y cyntedd dyma wasanaethferch yn ei herio ac yn ei adnabod fel un fu yng nghwmni Iesu. Y mae'n gwadu hynny. Yna mae'n hanner-ymgilio i'r fynedfa. Cyfeirir mewn rhai llawysgrifau at ganiad y ceiliog yma. Hwyrach mai dyma destun gwreiddiol Marc, gyda rhai ysgrifenyddion yn ei hepgor i'w gymhathu â Mathew a Luc. Os amgen, daeth i mewn i'r testun i gyfiawnhau'r cyfeiriad at yr ail ganiad yn adn. 72.

Fe'i herir gan y ferch yr ail waith, sy'n honni y tro hwn fod Pedr yn ddisgybl i Iesu, gan gyfeirio'r sylw at weddill y cwmni yn hytrach na Pedr ei hun; rhaid, felly, iddo wadu'n gyhoeddus. Y trydydd tro fe'i cyhuddir o fod yn Galilead (ar sail ei acen, efallai, er nad yw Marc yn nodi hynny) ac felly'n ddisgybl i Iesu.

Y tro hwn y mae ei ymateb yn ffyrnig. Y mae'n rhegi ac yn mynnu ar lw nad yw'n adnabod Iesu hyd yn oed.

Digwyddodd hyn oll o gwmpas caniad y ceiliog, sef yr wyliadwriaeth Rufeinig (*gallicinium*) pan newidiwyd y gwarchodlu am 3 o'r gloch y bore yng nghaer Antonia. Ni chaniateid cadw ieir yn Jerwsalem; nid at adar y cyfeirir, felly, ac y mae Marc yn camddeall hynny. Dyma Pedr wedyn yn cofio geiriau Iesu ac yn edifarhau.

15:1-5 Iesu gerbron Pilat

Un o'r ffeithiau sicraf am Iesu o Nasareth yw iddo gael ei groeshoelio. Os felly, rhaid ei fod wedi sefyll ei brawf mewn llys Rufeinig, gan na chaniateid i neb groeshoelio ond y Rhufeiniaid, ac yng ngwlad Palestina roedd hynny'n golygu ymddangos gerbron y llywodraethwr. At hynny, gwrthryfel yn erbyn y wladwriaeth oedd y cyhuddiad, mae'n rhaid, fel y cadarnheir gan y teitl ar y groes.

Dyma'r awdurdodau Iddewig, felly, yn traddodi Iesu i Pilat, y llywodraethwr Rhufeinig. Er hynny, y mae Marc am bwysleisio mai'r Iddewon sy'n dwyn cyfrifoldeb am farwolaeth Iesu (gweler adn. 1,3,11,13,14) a bod Pilat yn amharod iawn i awdurdodi'r croeshoelio (gweler adn. 5ff,14). Prin fod hynny'n hanesyddol gywir. Nid oedd Pilat, pumed llywodraethwr Rhufain o O.C. 26 i 36, yn brocuradur; rhaglaw oedd ei deitl, yn ôl arysgrif o Gesarea Maritima; roedd yn enwog am ei greulondeb a'i styfnigrwydd, yn ôl Philo a Joseffus. Go brin yr ildiai i'r Iddewon o'i anfodd.

Y cyhuddiad (adn. 2) yw fod Iesu'n honni mai ef oedd 'Brenin yr Iddewon', teitl a roddwyd i Herod Fawr, ac a gyfatebai, felly, i Feseia. Nid yw Pilat yn rhoi dyfarniad o gwbl, yn ôl Marc. O ganlyniad, y Sanhedrin sy'n traddodi'r ddedfryd ar Iesu (gweler 14:64). Efallai nad oedd gan Farc unrhyw wir dystiolaeth am brawf Iesu.

Cychwyn yr adran gydag ail brawf, neu felly yr ymddengys,

gerbron y Sanhedrin. Ceir cyfeiriad penodol at amser, y cyntaf o bump sy'n rhannu diwrnod marwolaeth Iesu i gyfnodau tair awr (gweler 15:1, 25, 33, 34, 42). Gan fod Pilat mor adnabyddus nid oes angen i Marc roi ei enw llawn na'i deitl. Daw Pilat yn syth at y cwestiwn canolog, a Iesu'n ymateb yn amwys y tro hwn, yn wahanol i'w ymateb i'r Archoffeiriad. Gall y geiriau olygu 'Ydw' neu 'Nac ydw'; gall fod hefyd yn osgoi ateb. Wedi hynny, ni ddywed Iesu ddim (Cymh. Eseia 53:7), fel y pwysleisir yn fynych gan Marc. Y mae hynny'n codi rhyw fath o barchedig ofn ar Pilat, sydd fel pe bai'n synhwyro fod rhywbeth mawr ar fin digwydd.

15:6-15   Dedfrydu Iesu i Farwolaeth

Cyfeirir nesaf at arfer y Rhufeiniaid o ryddhau carcharor adeg y Pasg fel arwydd o ewyllys da, ond dyma'r unig dystiolaeth am yr arfer hwn. Gwyddom am bardynau cyffredinol, ond nid oes unrhyw dystiolaeth fod hynny'n arferiad cyson. Y carcharor a fynnir gan y dorf, sydd hefyd yn drefn ryfedd, yw gŵr o'r enw Barabbas. Yn ôl Marc, roedd yn wrthryfelwr fu'n rhan o wrthryfel a arweiniodd at dywallt gwaed. Anodd yw credu fod Pilat wedi rhyddhau carcharor o'r fath, gan y byddai'n rhy beryglus.

Ni wyddom ddim mwy am Barabbas ac o'r herwydd bu dyfalu mawr yn ei gylch. Cyfenw yw Barabbas, a'i ystyr llythrennol yw 'Mab *Abba*' (= Tad), sy'n od iawn mewn cyd-destun Semitaidd. Yn ôl rhai llawysgrifau yn Mth. 27:16, *Iesu* Barabbas oedd ei enw llawn. Un dehongliad ar hynny yw mai'r un un oedd Iesu a Barabbas yn wreiddiol ac mai dymuniad y dorf oedd i Pilat ryddhau Iesu (o Nasareth) a alwyd yn 'Barabbas' ganddynt. Dehongliad arall yw fod Iesu a Barabbas wedi ymgynghreirio â'i gilydd i arwain gwrthryfel. Ymosododd Iesu ar y Deml, ond methodd y gwrthryfel. Fe restiwyd y ddau, ond cynigiodd Pilat ryddhau un ohonynt.

Tra gwahanol yw dehongliad Marc. Cynhyrfwyd y dorf gan

yr awdurdodau Iddewig i fynnu rhyddhad arwr adnabyddus, Barabbas, yn hytrach na'r Iesu cyfeiliornus. Dirgelwch yw'r hanesyn, mewn gwirionedd. Amcan Marc yw dangos nad oedd Pilat ar fai a bod yr holl gyfrifoldeb ar ysgwyddau'r arweinwyr Iddewig a'r dorf gyfnewidiol - go brin yr un dorf ag yn 11:8-10 na'r un y sonnir amdani yn 14:2.

Yr Iddewon, felly, sy'n gyfrifol am groeshoelio Iesu. Maent yn gweiddi am ei waed. Y mae Pilat, ar y llaw arall, fel petai'n erfyn arnynt beidio â'i orfodi i'w groeshoelio. Yn ôl Marc, y mae Pilat yn credu fod Iesu'n ddieuog, ond wedyn yn ildio i bwysau'r Iddewon ac yn rhyddhau Barabbas, tra'n traddodi (noder y gair hwn eto) Iesu i'w fflangellu, a chan fod fflangellu yn rhag-baratoad at groeshoelio, y mae Pilat i bob pwrpas yn traddodi Iesu i'w ddienyddio. Roedd fflangellu yn arferiad barbaraidd, gan y defnyddid chwipiau lledr a darnau o fetel ac esgyrn arnynt.

15:16-20   Y Milwyr yn Gwatwar Iesu

Cofnodir gwatwar Iesu yn y pedair efengyl, ond mewn cyd-destunau gwahanol - er engraifft, yn Luc milwyr Herod sy'n gwatwar Iesu. Ceir tystiolaethau lu am y fath watwar a hyd yn oed am farwolaeth aberthol y brenin ffug; hollol gredadwy, felly, yw'r stori hon o safbwynt yr hanesydd. Ar y llaw arall, y mae'r adroddiad fel petai'n ychwanegiad, gan y byddai'r hanes yn llifo'n well hebddo.

Dygir Iesu i mewn i'r Praetoriwm, sy'n awgrymu fod ei brawf wedi'i gynnal y tu allan. Pencadlys y llywodraethwr oedd y Praetoriwm (ystyr gwreiddiol y term oedd pabell y cadfridog ar faes y gad). Fel rheol, roedd Pilat yn preswylio yng Nghesarea, ond yn Jerwsalem byddai'n aros naill ai ym Mhalas Herod neu yng nghaer Antonia. Ystyr llythrennol y gair am gwmni o filwyr yw 'mintai' (600 o filwyr), sy'n orddweud amlwg yma.

Y mae'r milwyr yn rhoi gwisg brenin am Iesu, sef porffor, lliw gwisg yr Ymerawdwr, gan fod lliw porffor yn hynod o ddrud.

Rhoddwyd coron drain am ei ben; nid offeryn artaith mohono, ond yn ôl tystiolaeth darnau arian cyfoes coron o bigau hirion palmwydd gyda'r pigau'n pwyntio i fyny oddi wrth y pen. Fe'i cyfarchwyd yn frenin ar batrwm *Ave Caesar*! (= Henffych well, Gesar!), a'i guro â ffon; yn ôl Mathew, teyrnwialen yw'r ffon, sy'n fwy credadwy. Y mae'r poeri yn od; nid yw'n gyson â gwatwar y seremoni goroni. Daeth i mewn o 14:65 neu dan ddylanwad Eseia 50:6. Ar y llaw arall, y mae ymgrymu ger ei fron, yn ôl arfer y dwyrain, yn rhan o'r gêm. Yr eironi, wrth gwrs, yw fod y milwyr heb yn wybod iddynt yn cydnabod gwir statws Iesu.

15:21-31 **Croeshoelio Iesu**

Disgrifiodd yr areithiwr Rhufeinig Cicero (*in Verrem* V.64) groeshoelio fel 'y mwyaf creulon ac ofnadwy o gosbau'. Roedd yn ffurf farbaraidd ar ddienyddio ac am y rheswm hwnnw deddfodd y Rhufeiniaid na châi neb ond hwy eu hunain ei harfer, a hynny am y troseddau eithafol oll, sef gwrthryfela naill ai yn erbyn yr Ymerodraeth neu, yn achos caethwas, yn erbyn ei berchennog. Mygwyd y troseddwr i farwolaeth trwy gael ei glymu'n ansymudol i groesbren gan hoelion neu raffau a'i adael i hongian yno hyd ei farw (rai dyddiau'n ddiweddarach weithiau). Dyna sut y dienyddiwyd Iesu; nid oes unrhyw amheuaeth am hynny. Prin y byddai neb wedi dyfeisio'r fath stori gan y byddai'n arwyddo i'r byd Rhufeinig fod Iesu wedi'i gondemnio'n wrthryfelwr yn erbyn yr Ymerodraeth.

Y mae Marc yn cofnodi'r modd y bu Iesu farw yn adn. 24,25. Seiliodd ei wybodaeth ar draddodiad hanesyddol, yn ôl pob tebyg; at hynny, ymddengys fod Salm 22 yn ffynhonnell arall ar gyfer ei hanes o'r dioddefaint. Roedd y Salm honno ynghyd â Salm 69 ac Eseia 53 yn brif ffynhonnell y *testimonia* oedd yn dangos fod pob digwyddiad yn unol ag ewyllys Duw.

Man cychwyn yr hanes yw Simon o Cyrene, Iddew ar bererindod, mae'n debyg, ar ei ffordd i mewn i Jerwsalem o'r tu allan - dyna ystyr 'o'r maes' yn hytrach na bod Simon yn gweithio yn y maes adeg y Pasg. Roedd Cyrene yng Ngogledd Affrica (Libya heddiw) yn gartref i nifer o Iddewon. Dichon fod meibion Simon, Alexander a Rwffus (yr un Rwffus, efallai, ag yn Rhuf. 16:13) yn adnabyddus yng nghymuned Marc (nid oes sôn amdanynt ym Mathew nac yn Luc). Gorfodir Simon i gario croes Iesu, sy'n awgrymu fod Iesu ei hun yn rhy wan i wneud. Fel arfer, cariai'r condemniedig y trawsbren (*patibulum*), a glymid wedyn i bostyn wedi ei osod yn y ddaear. Yn ôl In. 19:17, Iesu ei hun gariodd y trawsbren - o bosibl, i osgoi drwgdybiaeth a gododd yn nes ymlaen fod Simon wedi cymryd lle Iesu ar y groes. Os amgen, cyflwynir Simon (a'i feibion) fel tystion.

Enw lle'r dienyddio oedd Golgotha, gair Aramaeg a gyfieithir, fel arfer, gan Marc ar gyfer ei ddarllenwyr di-Aramaeg. Ei ystyr yw penglog, hwyrach am fod y bryn ar ffurf penglog (traddodiad diweddar yw'r honiad fod penglog Adda wedi ei gladdu yno). Roedd y bryn mewn man cyhoeddus yn ymyl y ffordd (gweler adn.29). Fel a ddigwyddai yn aml, cynigiwyd diod lladd-poen i Iesu, ond fe'i gwrthododd. Arferiad arall oedd dinoethi'r dioddefwr, sarhad pellach yng ngolwg yr Iddewon, gan fod noethni'n ffiaidd ganddynt. Daeth y dillad wedyn yn fân fanteision i'r dienyddwyr. Y mae hynny'n hanesyddol gywir, ond yn ôl Marc mae'n cyflawni Salm 22:18. Cawn gyfeiriad pellach at amser (Cymh. 15:1), ond canol dydd y dylai fod, yn ôl In.19:14 yn hytrach na 9 o'r gloch y bore ac Ioan sy'n nes ati. Rhoddwyd y cyhuddiad ar hysbyseb a'i osod ar y groes. Roedd yr hysbyseb, fel rheol, yn cynnwys enw'r troseddwr a'i fro enedigol, fel y ceir yn In.19:19. Ni cheir ond y trosedd ym Marc, sef honni ei fod yn 'Frenin yr Iddewon' ac i Marc, fel Ioan, dyma orseddu Iesu'n frenin. Ni chroeshoeliwyd Iesu ar ei ben ei hun; croeshoeliwyd dau wrthryfelwr (nid yw'r cyfieithiad 'lleidr' yn gywir) gydag ef, a hwy, felly, sy'n cael y fraint a fynnid gan feibion Sebedeus o eistedd ar y ddeutu i orsedd y Meseia. Efallai bod yr awdur yn adleisio Eseia 53:12 yma, a cheir yr union ddyfyniad fel ychwanegiad eilradd (o Lc. 22:37) mewn rhai llawysgrifau.

Prif bwyslais gweddill yr adroddiad yw sarhad pellach y gwatwar triphlyg. Yn gyntaf, dyma ddrygeiriau'r rhai oedd yn mynd heibio, sy'n cyflawni geiriau Salm 22:7 ac yn herio Iesu i fanteisio ar ei allu goruwchnaturiol, tra'n ei atgoffa o'i frolio ynghylch y Deml. Cymh. 14:58. Yn ail, dyma'r awdurdodau Iddewig (go brin y mynychent ddienyddiad) yn ei wawdio ymhlith ei gilydd. Dengys eu geiriau fod ganddynt gamargraff o wir natur ffydd. Ni chredant onibai iddynt weld gwyrth. Noder hefyd fod yr Iddewon yn sôn am 'Frenin *Israel*' yn hytrach na'r 'Iddewon'. Yn olaf, a dyma'r sarhad mwyaf creulon, dyma'i gyd-ddioddefwyr yn ei ddifenwi. Y mae Iesu bellach yn gyfan gwbl ar ei ben ei hun.

15:33-41 Marwolaeth Iesu

Ceir mynegiant trawiadol o unigrwydd dwys Iesu yn y llef o'r groes (adn. 34), sy'n awgrymu'n gryf iddo gael ei ddarostwng i'r pwynt lle y teimlai fod Duw hyd yn oed wedi cefnu arno. Crynhoir gwir ddyndod Iesu yn yr adnod hon, sy'n ddyfyniad o Salm 22:1. Dadl rhai yw y dylid dehongli geiriau Iesu yng ngoleuni'r hyder yn Nuw a'i waredigaeth a welir yng ngweddill y Salm. Nid yw'r dehongliad hwn ond ymgais i osgoi'r broblem. Dylid derbyn geiriau Iesu yn eu hystyr llythrennol; mae'n marw heb obaith yn y byd; mae'n teimlo fod pawb wedi cefnu arno, a bod Duw hyd yn oed wedi'i adael. Dyma ddatguddiad gwirioneddol o undod Iesu â'r ddynoliaeth. Ac yna - a dyma sy'n arwyddocaol - wedi iddo sylwi ar Iesu'n marw fel hyn daw'r pagan, y canwriad Rhufeinig, i adnabod ei wir statws yn Fab Duw.

Cawn gyfeiriad arall eto at amser ac yna disgrifiad o dywyllwch ar ganol dydd. Nid diffyg ar yr haul mohono, fel y cred rhai, gan fod y lleuad yn llawn adeg y Pasg, sy'n golygu nad oedd diffyg ar yr haul yn bosibl. Yn hytrach, mae'n cyflawni proffwydoliaeth Iesu yn 13:24 yn ogystal ag Amos 8:9.

Yn yr Aramaeg y dyfynnir Salm 22 (yr Hebraeg sydd ym Mathew), gyda chyfieithiad Groeg yn dilyn, fel arfer. Nid yw'r llef o anobaith yn ymddangos yn Luc na Ioan. Ni fyddai'r geiriau'n camarwain pobl fod Iesu'n galw ar Elias ond yn yr Hebraeg. Credid fod Elias yn barod i ddychwelyd i gynorthwyo'r cyfiawn (Cymh. Mal. 4:5-6), ac yntau wedi'i gymryd yn fyw i'r nefoedd (Cymh. 2 Bren. 2:1ff). Yna mae'n debyg fod un o'r milwyr yn tosturio wrth Iesu, gan gynnig iddo'r gwin sur oedd yn ddiod gyffredin y milwr Rhufeinig. Ar yr un pryd, mae'r digwyddiad yn adleisio Salm 69:21. Ar y llaw arall, byddai'r cyfeiriad at Elias yn awgrymu mai Iddew gynigiodd y ddiod.

Fel arfer, roedd y croeshoeledig yn rhy wan i lefain yn uchel, fel y dywedir fod Iesu'n gwneud (i gyflawni Salm 22:2). Wedi hynny, bu farw. Hollol annisgwyl wedyn yw'r sylw nesaf sy'n sôn am len y Deml - naill ai'r llen a wahanai'r Lle Sancteiddiolaf oddi wrth y Lle Sanctaidd neu'r llen dros ddrws y Lle Sanctaidd - y cyntaf, mae'n debyg. Y mae rhwygo llen y Deml yn symboleiddio cael gwared â'r rhwystr sy'n sefyll rhwng Duw a'r ddynoliaeth. At hynny, efallai fod pob rhwystr wedi diflannu gan fod tynged yr Iddewon wedi'i selio a'r ffordd at Dduw felly'n agored i bawb, gan gynnwys canwriad o bagan. Dyma'r canwriad wedyn yn cyffesu Iesu'n Fab Duw. Ni ddylid amau nad dyna'r ystyr (Cymh. 1:1, 11, 9:7), er bod y cyfieithiad 'mab i Dduw' yn bosibl, ond ym Marc byddai'r fath gyfieithiad yn wrthddywediad llwyr.

Yn y ddwy adnod olaf (adn. 40-41) cyflwynir y merched o blith disgyblion Iesu am y tro cyntaf. Y merched sydd i dystio i'w farwolaeth, ei gladdedigaeth a'i atgyfodiad. Ceir gwybodaeth bellach am Fair o Fagdala yn Lc. 8:2. Gallai'r Mair arall fod yn fam neu'n ferch i Iago. Efallai mai Mair, mam Iesu, yw hi, ond nid yw hynny'n debygol. Gallai Salome fod yn fam Iago ac Ioan, meibion Sebedeus (Cymh. Mth. 27:56). Dylid nodi fod y merched wedi dilyn Iesu o Galilea (Cymh. Lc. 8:2f), gan wasanaethu ei anghenion. Daw'n amlwg hefyd fod y merched wedi aros yn ffyddlon iddo pan oedd ei holl ddisgyblion gwrywaidd wedi ffoi i'w hachub eu hunain. Pwysleisir hefyd yn yr adnodau hyn fod y merched yn dystion allweddol i'r ffeithiau canolog am farwolaeth Iesu a'r digwyddiadau a ddaeth yn ei sgîl.

15:42-47 Claddu Iesu

Yng nghyd-destun efengyl Marc dau brif amcan sydd i adroddiad claddedigaeth Iesu. Yn gyntaf, mae'n cadarnhau fod Iesu mewn gwirionedd wedi marw. Ceir yr un pwyslais yn y geiriau 'bu farw a'i gladdu' wrth i Paul grynhoi ei bregeth yn 1 Cor. 15:3f. Yn ail, mae'n cadarnhau nad oes amheuaeth ynghylch hanes y bedd gwag, gan mai'r un merched ddaeth o hyd i'r bedd ag a welodd Iesu'n cael ei gladdu ynddo. Ni ellir amau nad dyma'r un bedd. Nid ymwelodd y merched â bedd gwahanol trwy gamgymeriad.

Y mae'r amserlen yn tueddu i gefnogi dyddiad Ioan. Yn ôl Marc (a Ioan), cafodd Iesu ei ddienyddio ar ddydd Gwener, sef paratoad y Saboth, ac fe esbonir hynny ar gyfer ei ddarllenwyr o Genedl-ddynion. Bu raid claddu'r corff ar frys, felly, cyn cychwyn y Saboth am 6 o'r gloch y nos. Y mae'n hynny od oherwydd, yn ôl amserlen Marc, bu farw Iesu ar ddydd y Pasg oedd yn fwy cysegredig hyd yn oed na'r Saboth.

Claddwyd y corff, felly, ar frys gan Iddewon duwiol. Nid oedd yr un ohonynt yn ddisgybl i Iesu, sy'n cadarnhau fod sail hanesyddol i'r adroddiad. Ni fyddai Cristnogion wedi dyfeisio stori o'r fath. Yn ôl gofynion y Gyfraith, bu raid claddu corff ar ddydd ei farw, os yn bosibl, a fan bellach y diwrnod nesaf. Tuedd y Rhufeiniaid oedd gadael cyrff i bydru ar y groes, weithiau am ddyddiau. Dywedir fod yr Iddew duwiol a gyflawnodd y gwasanaeth hwn yn achos Iesu yn aelod o'r Sanhedrin, neu'n debycach yn berson cefnog a dylanwadol.

Joseff oedd ei enw ac, yn ôl yr hanes, roedd yn frodor o Arimathea (Ramathaim heddiw), rhyw 20 milltir o Jerwsalem. Y mae Joseff, felly, yn medru mynd at Pilat i ofyn am y corff, gan fod yn rhaid tynnu'r corff oddi ar y groes cyn iddi dywyllu. Cymh. Deut. 21:23. Efallai fod y nodyn am syndod Pilat fod Iesu eisoes wedi marw yn ychwanegiad diweddar (nis ceir ym Mathew a Luc), er mwyn pwysleisio nad oedd unrhyw dwyll. Roedd Iesu mewn gwirionedd wedi marw. Nid oedd Joseff am berswadio Pilat i ryddhau corff dyn nad oedd wedi marw fel y gallai'i adfywhau. Y mae'r corff celain yn profi fod Iesu wedi marw.

Nid eneinir y corff (gweler 16:1). At hynny, roedd prynu lliain ar ddydd gŵyl yn groes i'r Gyfraith. Roedd beddau wedi'u naddu o'r graig yn bur gyffredin yn yr ardal honno a seliwyd y fynedfa, fel arfer, i amddiffyn y bedd rhag anifeiliaid a beddladron.

Yn olaf, dyma'r merched yn ailymddangos fel tystion, sy'n swyddogaeth ryfedd iddynt o ystyried fod tystiolaeth merch yn gwbl ddiwerth yn llygaid y gymdeithas Iddewig.

16:1-8 Atgyfodiad Iesu

Hanes darganfod y bedd gwag sydd yma yn hytrach na disgrifiad o'r atgyfodiad. Ni cheir yn unman ddisgrifiad o'r atgyfodiad fel y cyfryw. Y cyfan sydd gennym yw'r gwahanol hanesion am ganlyniadau'r atgyfodiad, sef dod o hyd i'r bedd gwag (ac os oedd y bedd yn wag, mae'n rhaid bod Iesu wedi'i atgyfodi) neu Iesu'n ymddangos (yn fyw) i'w ddilynwyr. Y cyfan sydd ym Marc, fodd bynnag, ac eithrio'r diweddglo eilradd, yw'r traddodiad cyntaf. Yr un merched, fwy neu lai, oedd yn dystion i farwolaeth Iesu a'i gladdedigaeth, sy'n dod o hyd i'r bedd gwag.

Gwers bellach yw fod gan yr Iesu atgyfodedig neges i'w ddilynwyr. Rhaid iddynt fynd yn ôl i Galilea (gwrthgyferbynner

Luc ac Ioan). Dyma'r neges a ymddiriedir i'r merched, er nad ystyrid merch yn dyst dibynadwy gan yr Iddewon.

Ymddengys fod y merched wedi prynu peraroglau ar nos Sadwrn gyda'r bwriad o eneinio'r corff. Prif ergyd y stori yw fod yr un rhai (y merched) yn dystion i farwolaeth Iesu, ei gladdedigaeth a'i atgyfodiad. Gwaith ofer oedd prynu'r peraroglau gan fod Iesu'n farw gelain ers diwrnod a hanner o leiaf. Nid oes sôn am y peth ym Mathew, tra bod Luc ac Ioan yn nodi mai Nicodemus a Joseff gyflawnodd y ddyletswydd hon.

Nid yw enwau'r merched yn cyfateb yn union i'r enwau yn 15:47, ond yr un yw'r traddodiad sylfaenol. Cawn Salome, er enghraifft, yn 15:40, ond nid yn 15:47. Roedd Mair naill ai'n fam neu'n ferch i Iago. Y mae'r merched yn cyrraedd y bedd cyn y wawr. Yn wir, y mae'r sylw yn adn. 2 yn amwys; cyrhaeddodd y merched cyn y wawr, mewn gwirionedd, sef o gwmpas 4 o'r gloch y bore. Eu cymhelliad wrth ymweld â'r bedd yw eneinio corff Iesu, ond nid oes ganddynt fawr o syniad beth yn union sy'n ymarferol bosibl iddynt. A hwythau'n gwybod am y maen a'u hanallu i'w symud, beth mewn difrif oedd diben yr ymweliad?

Wrth iddynt gyrraedd y bedd dyma ŵr ifanc (angel/-ylion yw hwn/y rhain, yn ôl Mathew ac Ioan. Cymh. 2 Mac. 3:26, 33.) yn eu cyfarfod. Ofn (y goruwchnaturiol) yw eu hymateb, ac y mae hynny i'w ddisgwyl. Yna fe ddaw'r datganiad ffurfiol braidd, er mewn iaith gyfan gwbl normal, fod Duw wedi codi Iesu o blith y meirw.

Cyfeirir yn arbennig eto at Pedr, sy'n dangos nad oedd y rhwyg rhyngddo ef a Iesu'n derfynol. Hwyrach mai Marc sy'n gyfrifol am y sylw hwn. Adleisio 14:28 y mae'r sôn am Iesu'n eu harwain neu'n eu rhagflaenu i Galilea. Efallai bod y traddodiad yn tarddu o'r gymuned Gristnogol yng Ngalilea. Hwyrach fod y datganiad yn cyfeirio at y *parousia* yn hytrach na'r atgyfodiad. Gwrthgyferbynner yr awgrym fod Iesu'n ymddangos yng Ngalilea a thystiolaeth Luc ac Ioan, lle yr ymddangosodd yr Iesu atgyfodedig gyntaf yn Jerwsalem. Efallai bod Marc am herio hawl Jerwsalem i statws arbennig.

Yn olaf, llenwir y merched gan ofn. Dyma'r ymateb naturiol i gyfarfod y goruwchnaturiol, a mae'n ffordd briodol i Farc ddwyn yr efengyl i ben.

Diwedd Marc

Ein gwybodaeth o'r efengylau eraill sy'n awgrymu nad yw Marc, sy'n gorffen gyda 16:8 yn ôl y llawysgrifau hynaf, yn gyflawn. Dyna, yn sicr, oedd teimlad ysgrifenyddion canrifoedd cynnar yr eglwys a ddyfeisiodd fwy nag un ffordd (gweler troednodiadau y *BCN*) o ddod â'r efengyl i ben. Nid yw'r un ohonynt yn ddilys. At hynny, a Mathew a Luc wedi defnyddio Marc, yn ôl pob golwg, a hwythau heb gytuno o gwbl ar ôl hanes y bedd gwag, mae'n debyg bod eu fersiwn hwy o Farc yn gorffen gyda 16:8.

Y mae nifer gynyddol o ysgolheigion cyfoes, yn dilyn arweiniad Julius Wellhausen yn 1903, yn derbyn bellach mai bwriad Marc oedd dod â'r efengyl i ben yn 16:8. Eu dadl yw fod ofn y merched (Cymh. 4:40-41; 6:50-52; 9:6; 9:32; 10:32-34) a'u distawrwydd yn gyson ag amcanion diwinyddol Marc. At hynny, awgryma'r gwahoddiad i fynd i Galilea fod yn rhaid mynd â'r efengyl o'i magwrfa Iddewig i fyd y Cenhedloedd, gan fod yr Iddewon, gan gynnwys y disgyblion, wedi cael eu cyfle. Cyfrifoldeb y Cenedl-ddynion yw'r efengyl o hyn ymlaen. Rhoddir ail gyfle i'r disgyblion, fodd bynnag, gan y gwahoddir hwy i ymuno â'r Iesu atgyfodedig yng Ngalilea (= byd y Cenhedloedd). Estynnir yr un gwahoddiad i'r darllenydd. Y mae efengyl Marc, felly, yn gorffen fel y dechreuodd gyda her i'r darllenydd weld yn hanes Iesu iachawdwriaeth y ddynolryw.

LLYFRYDDIAETH DDETHOL

Esboniadau

R. H. Gundry   *Mark: A Commentary on his Apology for the Cross,* Grand Rapids, Eerdmans, 1992 (testun Groeg).

Morna D. Hooker   *The Gospel according to St Mark,* London, A & C Black, 1991.

C.S. Mann   *Mark: A New Translation with Introduction and Commentary,* Anchor Bible, New York, Doubleday, 1986.

D.E. Nineham   *The Gospel of Mark,* The Pelican Gospel Commentaries, London, Penguin, ail argraff 1969.

John Painter   *Mark's Gospel: Worlds in Conflict,* London, Routledge, 1997.

E. Schweizer   *The Good News according to Mark,* (Cyf. Saes. gan D.H. Madvig), London, SPCK, 1971.

Llyfrau Eraill

E. Best   *Disciples and Discipleship: Studies in the Gospel according to Mark,* Edinburgh, T & T Clark, 1986.

E. Best   *Following Jesus: Discipleship in the Gospel of Mark,* Sheffield, JSOT, 1981.

E. Best   *Mark: The Gospel as Story,* Edinburgh, T & T Clark, 1983.

T.A. Burkill   *Mysterious Revelation: An Examination of the Philosophy of St Mark's Gospel,* Ithaca, Cornell University Press, 1963.

J.D.M. Derrett   *The Making of Mark: The Scriptural Bases of the Earliest Gospel,* Shipston-on-Stour, Drinkwater, 1985.

M. Hengel   *Studies in the Gospel of Mark,* (Cyf. Saes. gan John Bowden), London, SCM, 1985.

H.C.Kee   *The Community of the New Age: Studies in Mark's Gospel,* London, SCM, 1977.

R.P. Martin   *Mark: Evangelist and Theologian,* Exeter, Paternoster, 1972.

W. Marxsen   *Mark the Evangelist: Studies in the Redaction History of the Gospel*, (Cyf. Saes. gan James Boyce), London, SPCK, 1970.

W.R.Telford   *Mark*, Sheffield, Sheffield Academic Press, 1995.

W.R.Telford (gol.) *The Interpretation of Mark*, Edinburgh, T & T Clark, 1995.

C. Tuckett (gol.) *The Messianic Secret*, London, SPCK, 1983.

G. Vermes   *Jesus the Jew*, London, Collins, 1973.